食の事典シリーズ CURRY

調理科学×カレーの事典

監修 水野仁輔

朝日新聞出版

カレーのおいしさは

おいしいカレーの秘密は原材料に隠されている！

おいしいカレーと出会ったら、その秘密を知りたくなるのは自然なことです。「このカレー、何を使っているんですか？」と誰もが疑問に思います。ところが、作り手に聞いても、たいていの場合、「教えられません」となるはずです。でも知りたい。本書はそこを解き明かすための一冊です。

カレーのレシピは一般的に【材料】と【作り方】が書かれています。だから、カレーをおいしく作ろうと思ったら、材料か作り方のどちらかを工夫する以外に方法はないんです。

これまで長い間、カレーの世界では、作り方にばかり注目が集まっていました。そこにテクニックが眠っているのだから、無理もありません。一方で材料に関しては、

原材料にアリ！

水野仁輔

「隠し味」や「スパイスの配合」には言及されても、それ以上踏み込んだものはなかったのです。

カレーを構成する味には、2種類あります。それは、生み出すものと加えるもの。前者はテクニック、後者は原材料です。あるカレーを食べて「おいしい」と思ったとき、反射的に「何が入っているんだろう？」と考える。その行為は、すでに原材料を気にしていることと同じです。

それなら、カレーの原材料を徹底的に紐解いてみましょう。「いったい何がおいしくさせているのか？」「なぜおいしくなるのか？」を探ることは、「自分はどんなカレーが好きなのか？」「自分のおいしい」を知ることと同じなのです。ワクワクしてきませんか？

CONTENTS

2 世界のカレー大解剖

SRI LANKA

THAI LAND

ORIGINAL

COLUMN

3 家庭で作る本格カレー

4 スパイス&ハーブ事典

レシピの使い方

- 材料は4人分を基本としていますが、料理によっては作りやすい分量や5〜6人分などもあります。
- 野菜類は特に記載のない場合、皮をむくなどの下処理を済ませてからの手順を説明しています。
- 計量単位は大さじ1＝15㎖、小さじ＝5㎖、1カップ＝200㎖です。レードルは店舗により異なります。
- 「適量」はちょうどよい量を加減しながら、「適宜」は好みで必要であれば入れる、という意味で使っています。
- 電子レンジの加熱時間は、600Wを基準にしています。500Wで調理する場合は、加熱時間を1・2倍にしてください。機種によっては加熱時間に差があることがあるので、様子を見ながら加減してください。
- オーブンは業務用のものを使っているため、家庭で調理する場合はレシピに記載されている温度設定や加熱時間は目安とし、様子を見ながら適宜調節してください。
- GGペーストとは、ジンジャーガーリックペーストの略です。特に記載がなければ市販のものを使用しています。
- 豆（ダル）は、特に記載がなければ乾燥のものを使用しています。
- 材料名は地域によって異なるものがあり、店舗ごとでも異なる場合があります。4章 スパイス&ハーブ事典を参考にしてください。

この本の特徴

■本書は、AIR SPICE代表 水野仁輔氏を監修に迎え、カレーの原材料に着目し、それらが持つ役割とおいしさの方向性を分析＆解説し、「おいしいカレーとは何か？」を徹底的に解き明かす一冊です。

■２章の世界のカレー大解剖は、名店のシェフの方々に取材をして構成したものです。世界のカレーとしては、名店のシェフが作る北インド、南インド、ネパール、スリランカ、タイの代表的なカレーや副菜を、オリジナルカレーとしては、名店のシェフが作る日本独自のオリジナルカレーを紹介しています。

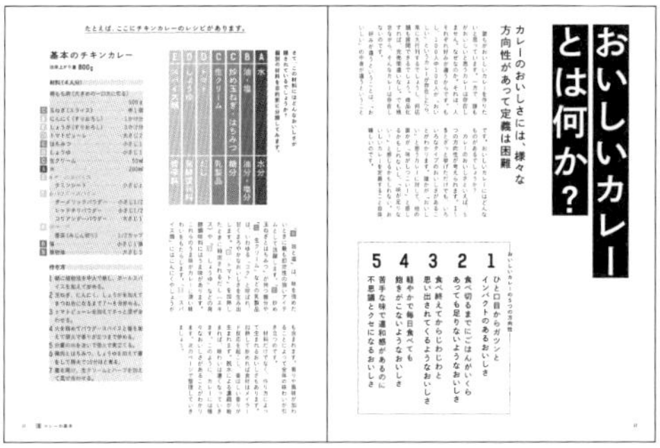

1 カレーの基本

おいしいと感じるカレーの方向性から、それぞれの原材料を目的に分類し、味の方向性を指南します。レトルトカレー10種類を比較した表も必見。

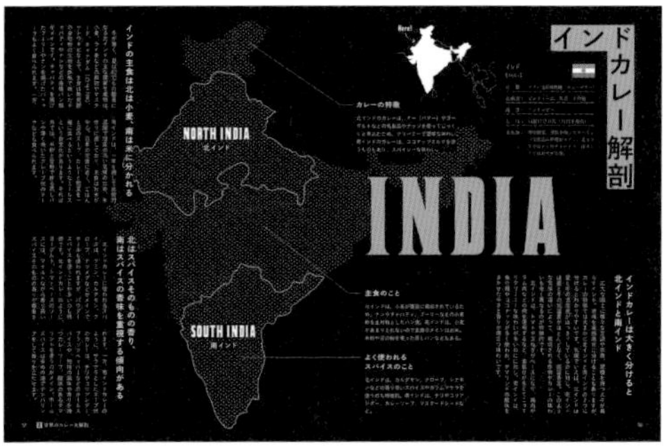

2 世界のカレー大解剖

北インド、南インド、ネパール、スリランカ、タイの代表的なカレーと副菜、日本独自のオリジナルカレーを、豊富なプロセス写真と解説でナビゲート。

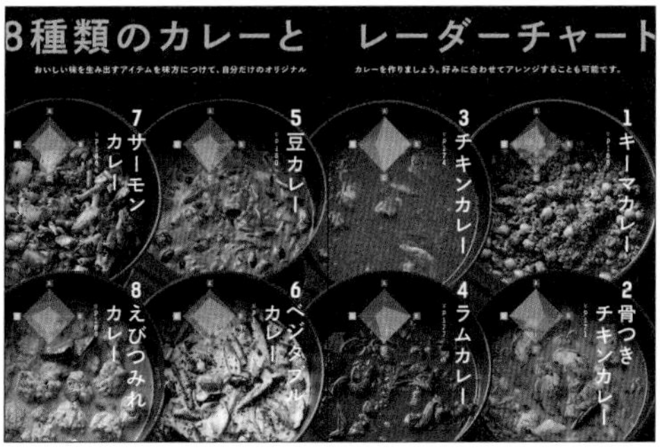

3 家庭で作る本格カレー

水野仁輔氏が原材料を出発点にカレーを設計し、味の方向性の違う８種類のカレーを開発し、作り方を伝授します。ゴールデンルールも丁寧に解説。

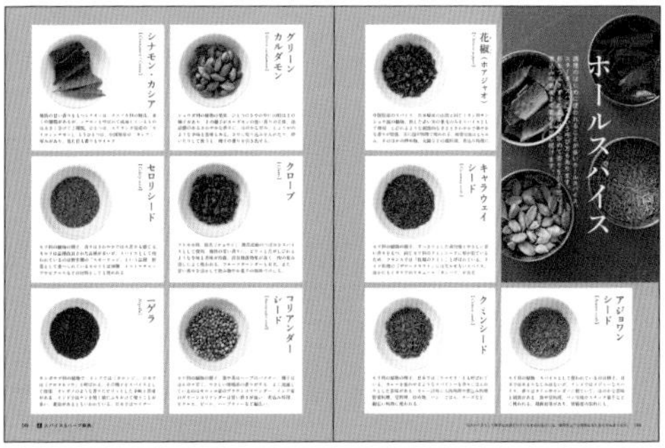

4 スパイス＆ハーブ事典

本書で登場するホールスパイスとパウダースパイス、ハーブそれぞれの名称と別名、主要産地、特徴、用途などをわかりやすく解説しています。

カレーの基本

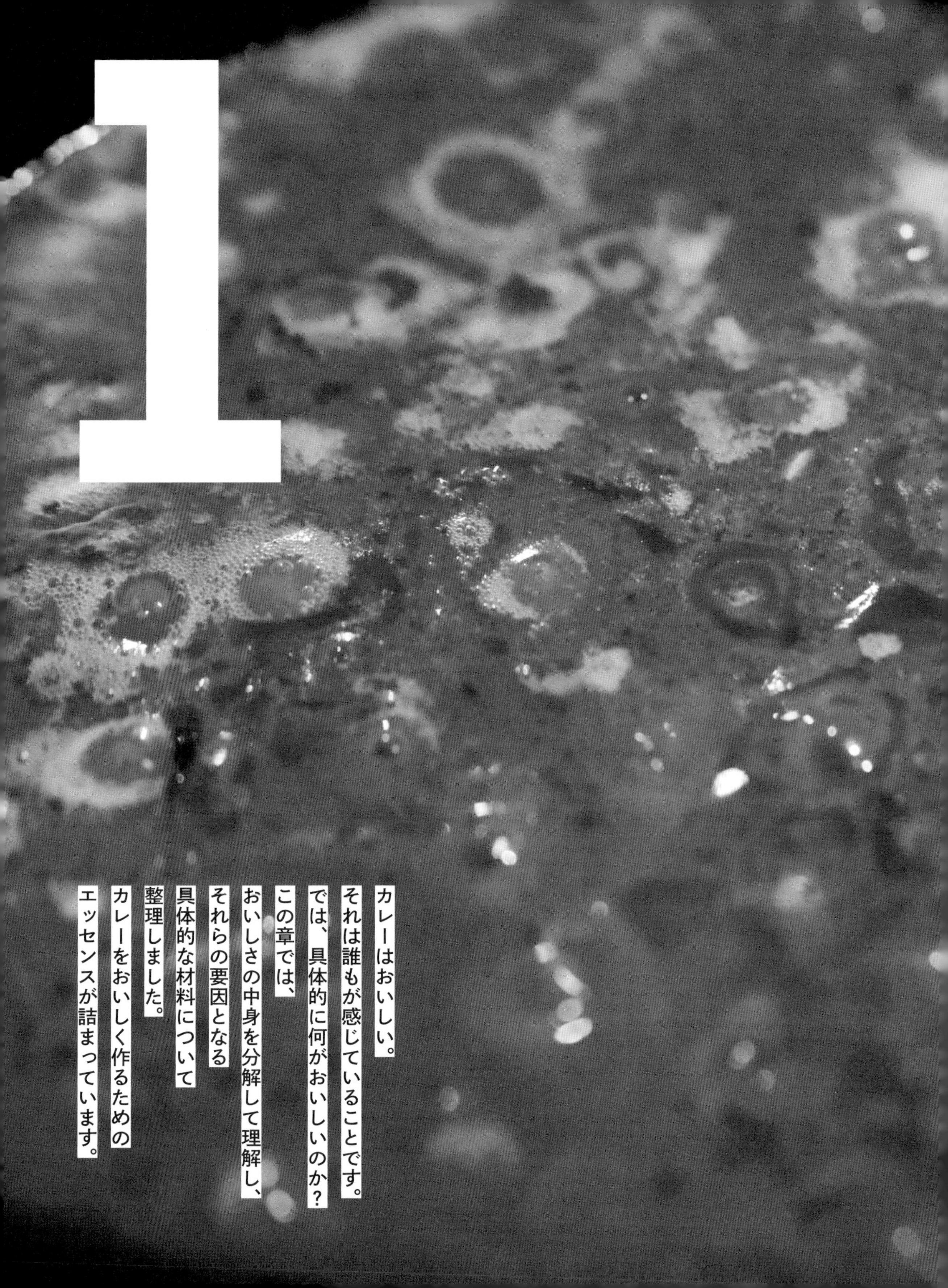

1

カレーはおいしい。
それは誰もが感じていることです。
では、具体的に何がおいしいのか？
この章では、
おいしさの中身を分解して理解し、
それらの要因となる
具体的な材料について
整理しました。
カレーをおいしく作るための
エッセンスが詰まっています。

おいしいカレーとは何か？

カレーのおいしさには、様々な方向性があって定義は困難

誰もがおいしいカレーを作りたいと思っています。一方で、誰もがおいしいと思うカレーは存在しません。なぜなのか。それは、人それぞれ好みが違うからです。もし、100人中100人が「おいしい」というカレーが存在したら、常に大行列するでしょうし、何店舗も展開できるでしょう。商品化すれば、完売間違いなし。でも残念ながら、そんなカレーは存在しないのです。

好みが違うということは、「おいしい」の中身が違うということです。おいしいカレーにはどんなものがあるでしょうか？

カレーのおいしさといえば、5つの方向性が考えられます。**1**〜**5**とざっと挙げただけでも、いろいろなタイプのおいしさがあることがわかります。誰かが「おいしい」と思うカレーに対して、他の誰かが「味がしつこい！」と感じるかもしれないし、「味が足りない！」と感じるかもしれない。おいしいカレーを定義すること自体、難しいのです。

おいしいカレーの5つの方向性

1 ひと口目からガツンとインパクトのあるおいしさ

2 食べ切るまでにごはんがいくらあっても足りないようなおいしさ

3 食べ終えてからじわじわと思い出されてくるようなおいしさ

4 軽やかで毎日食べても飽きがこないようなおいしさ

5 苦手な味で違和感があるのに不思議とクセになるおいしさ

たとえば、ここにチキンカレーのレシピがあります。

基本のチキンカレー

出来上がり量 **800g**

材料（4人分）

鶏もも肉（大きめの一口大に切る）……500ｇ
C 玉ねぎ（スライス）……中1個
E にんにく（すりおろし）……1かけ分
E しょうが（すりおろし）……3かけ分
D トマトピューレ……大さじ2
C はちみつ……小さじ1
D しょうゆ……小さじ1
C 生クリーム……50mℓ
A 水……200mℓ
E ＊ホールスパイス
クミンシード……小さじ1
E パウダースパイス
ターメリックパウダー……小さじ1/2
レッドチリパウダー……小さじ1/2
コリアンダーパウダー……大さじ1
E ハーブ
香菜（みじん切り）……1/2カップ
B 塩……小さじ1強
B 植物油……大さじ3

作り方

1 鍋に植物油を中火で熱し、ホールスパイスを加えて炒める。
2 玉ねぎ、にんにく、しょうがを加えてきつね色になるまで7～8分炒める。
3 トマトピューレを加えてさっと混ぜ合わせる。
4 火を弱めてパウダースパイスと塩を加えて弱火で香りが立つまで炒める。
5 分量の水を注いで強火で煮立てる。
6 鶏肉とはちみつ、しょうゆを加えて蓋をして弱火で10分ほど煮る。
7 蓋を開け、生クリームとハーブを加えて混ぜ合わせる。

さて、この材料にはどんなおいしさが隠されているでしょうか？　個別の材料を目的別に分類してみます。

A	水	水分
B	油・塩	油分・塩分
C	炒め玉ねぎ・はちみつ	糖分
C	生クリーム	乳製品
D	トマト	だし
D	しょうゆ	発酵調味料
E	スパイス類	香辛料

「B：油と塩」は、味を強めたいときに最も即効性の強いアイテムとして活躍します。「C：炒め玉ねぎとはちみつ」が持つ糖分や、「C：生クリーム」などの乳製品は、いわゆる「コク」と呼ばれ、甘くまろやかなおいしさを生み出します。「D：トマト」を加熱したときに抽出されるだし（エキス）や「D：しょうゆ」などの発酵調味料にはうま味があります。これらのうま味がカレーに深い味わいをもたらします。「E：スパイス類」にはにんにくやしょうがも含まれます。香りや風味が加わることによって全体の味わいが引き立つのです。

材料だけでなく、作り方によって生まれるおいしさもあります。加熱して炒めれば食材はメイラード反応を起こし、香ばしい香りが生まれます。脱水による濃縮が始まれば、味わいは濃くなっていきます。このように、カレーには様々なおいしさがあることがわかります。次のページで整理していきましょう。

原材料の割合でおいしさの方向性が決まる

原材料が持つ役割とおいしさの方向性を把握し、どの味を選ぶかを決める

本書では、おいしい味のベクトルを具体的に「濃い味」「強い味」「甘い味」「深い味」「香り・風味」の5つに分類します。あなたが作るカレーはどの方向のおいしさを生み出したいですか？ それによって使用するアイテムは変わります。どれかひとつを選ばなくてもいいですし、すべてを加えるという選択肢もある。濃くて強くて甘くて深くて香り高いカレーが作れるのです。

15ページに具体的なアイテム例を示しました。あとは設計次第です。

仮にここにあるアイテムをすべて加えたカレーを想像して、おいしそうに感じますか？ 答えはおそらく「NO」だと思います。何もかも加えればいいのではなく、バランスを考えることが大事です。足し算ばかりではなく、あえて引き算をし、使わないことにするアイテムや味の方向性があってもいいですし、少しずつすべてのアイテムをバランスよく加えていくのでもいいのです。意図的に何かの方向性を強めて個性を出す方法もあります。

	味	アイテム／テクニック
A	濃い味	濃縮
B	強い味	油と塩
C	甘い味	糖分や乳製品によるコク
D	深い味	発酵調味料やだしによるうま味
E	香り・風味	スパイスとメイラード反応

カレーをおいしくするアイテム／テクニックの分類（例）

A	濃い味	■脱水 ■濃縮
B	強い味	■油 ■塩
C	甘い味 コク（糖分）	■砂糖類 ■はちみつ ■ジャム、チャツネ ■チョコレート ■炒め玉ねぎ
C	甘い味 コク（乳製品／他）	■バター ■生クリーム ■ヨーグルト ■チーズ ■ココナッツミルク
D	深い味 うま味（だし）	■スープストック ■干しえび ■昆布 ■トマト
D	深い味 うま味（発酵調味料）	■しょうゆ ■ナンプラー ■塩麹 ■みりん ■豆板醤
E	香り	■ホールスパイス ■パウダースパイス ■ハーブ
E	風味	■ワイン ■梅酒 ■日本酒 ■にんにく ■ナッツ類 ■メイラード反応

味のベクトル×香り

マトリックスで味の方向性を把握する

作りたいカレーの設計をするとき、味の方向性がどのようになっているのかを視覚的にわかりやすく把握できたほうがいい。そのために、マトリックスを作りました。まず、味の4方向をそれぞれ3段階ずつに表します。前述の「基本のチキンカレー」を用いて、どのアイテムをどの程度の量使っているかを点数化してみましょう。そして、その結果をマトリックスに当てはめてみます。下記の図を見てみると、割とバランスがとれたおいしさを生んでいることがわかります。ここからたとえば、油を倍量にし、塩を強めにして「強い味」の部分を3点にまで増やした場合、図形が変わってくるというわけです。マトリックスを使うことで、何をどうしたらどの方向においしくなったのかをわかりやすく把握できるようになります。

基本のチキンカレーの材料

A 濃い味 1点
水を除く材料の総量……約950g
出来上がりの量……約800g
※濃縮の度合い……約1・2倍

B 強い味 1点
植物油……大さじ3
塩……小さじ1強

C 甘い味 2点
炒め玉ねぎ……中1個分
はちみつ……小さじ1
生クリーム……50㎖

D 深い味 2点
(具)鶏もも肉……500g
トマトピューレ……大さじ2
しょうゆ……小さじ1

図にするとこうなります。

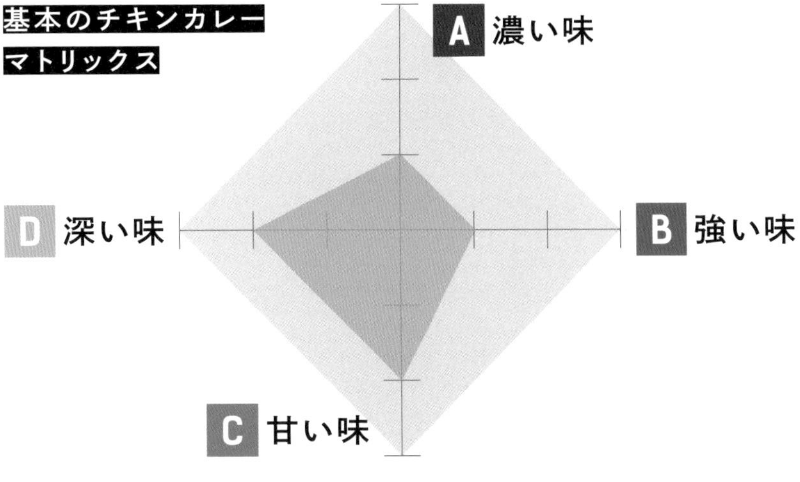

E 香り・風味

にんにく（すりおろし）……1かけ分
しょうが（すりおろし）……2かけ分

＊ホールスパイス
クミンシード……小さじ1

パウダースパイス
ターメリックパウダー……小さじ1／2
レッドチリパウダー……小さじ1／2
コリアンダーパウダー……大さじ1

ハーブ
香菜（みじん切り）……1／2カップ

ベクトル関係図

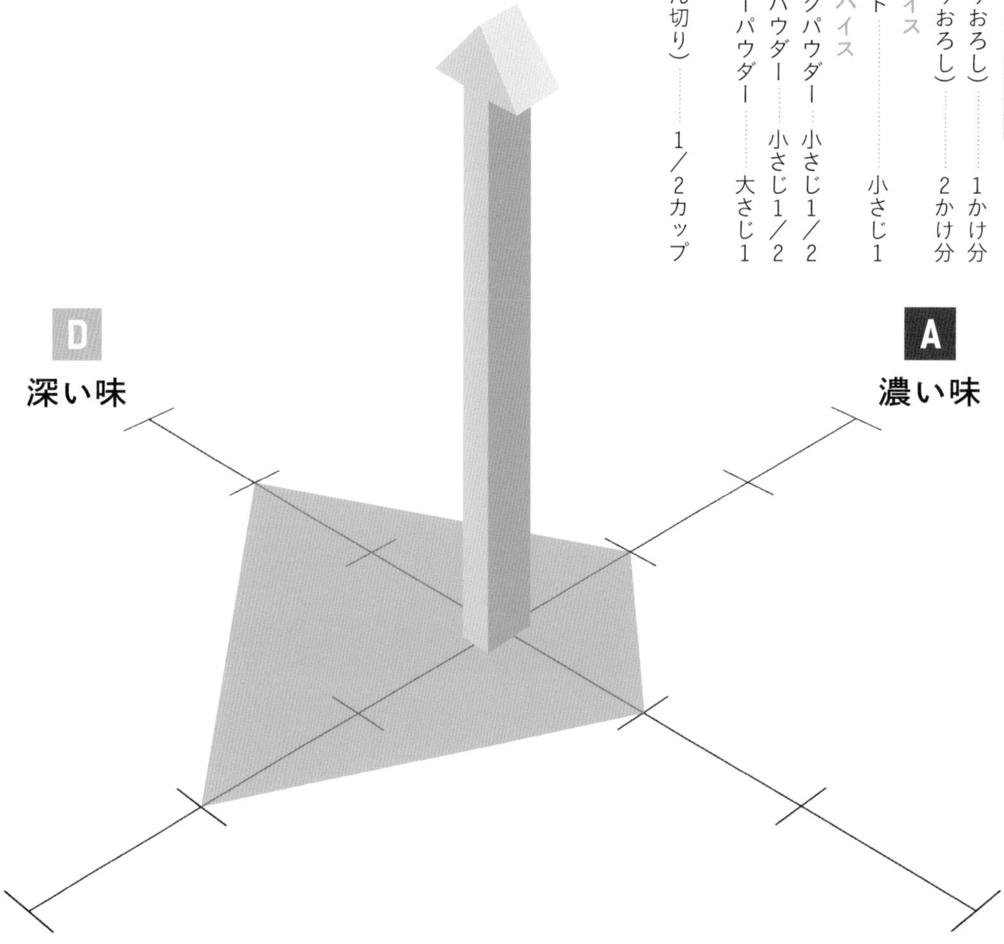
全体の風味が
持ち上がる！
B 強い味
C 甘い味

香りや風味で全体のおいしさを持ち上げる

では、香りや風味についてはどうでしょうか？　主にスパイスを中心とした素材が持つ香りや風味は、味の4方向とは別の役割を持ちます。なぜなら、香りや風味を加えることによって、全体のおいしさ（味わい）を引き立ててくれるからです。たとえば、あなたの作るカレーがどんな方向の味でどんな形のマトリックスをしていても、香りと風味が加わればそれら全体を持ち上げてくれます。すなわち、味だけのマトリックスが平面（2D）だったとすると、香りによって立体（3D）になるようなイメージです。具体的なイメージは図を参照してください。

「味が濃い」とは？

出来上がり量に対して、原材料の割合を知る

味が薄いカレーよりも味が濃いカレーのほうがおいしいと思う人は多いはずです。味が薄いと「ぼやけている」とか「物足りない」という印象が強まります。逆に味が濃ければ「引き締まっている」とか「十分な味わいだ」と感じます。では、カレーの味を濃くしている要因はどこにあるのでしょうか？

視覚的に捉えてみるとわかりやすくなります。原材料を並べ、カレーの仕上がりを想像してみてください。一度に鍋にすべてを加えて混ぜ合わせるだけではカレーになりません。順に加熱していくことが大事。加熱によって個々の材料に含まれる水分が抜け、味わいが濃縮するのです。「濃縮」という現象によって「濃い味」が生まれます。

たとえば煮物を想像するとわかりやすいかもしれません。肉じゃがを作ったとき、味が薄いなと感じたら、そのまま加熱を続けて煮詰めます。すると、味が濃くなる。料理の総量が減ることによって、濃縮が起きたり、塩分濃度が相対的に濃くなったりするためです。

この現象を「脱水による濃縮」と理解してください。これまでカレーのおいしさを語るときに意外と注目されなかった視点。実は非常に重要なポイントです。

こんな想像をしたことはありますか？　あなたの目の前に器に盛られたカレーがあるとします。ここには一体どれだけの肉が入っているのだろう？　ここには一体どのくらいの玉ねぎが含まれているのだろう？　それが「味の濃さ」に直結するのです。

具体的な数字を例に挙げながら、出来上がりのカレーに対して原材料の割合を考えてみましょう。

A

脱水《濃縮

食材に含まれる水分を加熱によって飛ばす

いかなる食材にも水分が含まれます。ドライスパイスにも？　もちろん。フライパンで乾煎りする前と後で重さを比較してみてください。ホールスパイスやパウダースパイスに含まれる水分はともかく、にんにくやしょうが、玉ねぎや肉、野菜、魚介類などには、水分が含まれています。それらは加熱によって飛びます。

どの程度脱水しているかは、鍋の中の状態を見ればわかります。もっと具体的に知ろうと思うなら、重さを量ってみることです。

玉ねぎの大2個（600g）をみじん切りにして炒めたとします。炒め方にもよりますが、こんがりとしたきつね色になった状態で計量すると250gでした。この場合、脱水率は約60％です。すなわち、玉ねぎに含まれる水分の6割が鍋の外に抜けていったということ。当然、味わいは濃縮されて甘みやうま味を強く感じられます。さらに70％、80％と脱水していけば、どんどん味は濃くなるのです。

鶏肉はどうでしょうか？　生の状態で500gある鶏肉を皮面からしっかりと焼きつけ、表面全体を色づけたら、400gになりました。脱水率は20％。鶏肉の味は濃縮されてよりおいしくなりました。

カレーを作るプロセスで、このような「脱水による濃縮」が常に起きていると考えてください。濃縮すればするほど、味は濃くなります。だとしたら、すべての食材において濃縮を進めたくなりませんか？　または、自分の作っているカレーや食べたカレーがどの程度濃縮されているか気になりませんか？

加熱を進めるほど玉ねぎに含まれる水分は脱水される。放置しては炒めることを繰り返し、何度か差し水をしながら炒めるのがコツ。

玉ねぎに比べると脱水率は低いが、表面をしっかりと焼きつけ、余分な水分が脱水されることで、うま味がグッと濃縮される。

濃縮させるということ

カレーのおいしさを「濃縮の度合い」という指標で客観的に捉えようとする試みは、過去に例がないかもしれません。「玉ねぎをあめ色になるまで炒めるとカレーがおいしくなる」と長年、多くの作り手が主張し、実践してきました。受け手も「確かにその通りですね」と実践したり、実食したりすることで納得してきました。それは、濃縮の度合いに関係する話でもあります。ただ、抜け落ちていた視点があるのです。それは、「1人分あたりどのくらいの玉ねぎが使われているか」ということ。

きつね色に炒めた玉ねぎよりもあめ色に炒めた玉ねぎのほうが玉ねぎの味が濃いため、カレーがおいしくなる。それはわかります。では、4人分のカレーを作るために「玉ねぎ1個をあめ色にする」のと「玉ねぎ2個をきつね色にする」のでは、どちらが濃くなりますか？　すぐに答えが出る人は少ないと思います。カレーの濃縮の度合いといった場合、1人分あたり、どの程度の材料が使われているかがついて回ります。

この視点を玉ねぎだけでなく、カレーの材料すべてに拡大解釈してみましょう。総量1000gの材料で800g（4人分）のカレーAを作ったときと、総量1600gの材料で800gのカレーBを作ったとき、濃縮の度合いを計算してみてください。カレーAは1・3倍、カレーBは2倍となります。すなわち、AよりもBのほうが味が濃いカレーということになります。カレーは濃縮の度合いで捉える時代なのです。

トマトの水分が十分に飛ぶまで炒める。木べらで鍋底に道を作るようにして、両サイドから流れ落ちてこなくなる状態をカレーロードと呼ぶ。

カレーのおいしさに迫る②
油と塩

「味が強い」とは？

カレーの味を強めるために最も効果的なブースト材料

「パンチ力のあるおいしさ」という表現を聞いたことはありますか？　ひと口目からガツンとインパクトのある強い味を感じるときに使います。カレーは特にそれを感じやすいジャンルかもしれません。

最初に持った印象は、その後もずっと継続する可能性があります。味が持つ余韻という効果により、食べている途中も最初に感じた味に引っ張られるからです。

強い味を生むために活躍するアイテムのトップ2は、油と塩です。一定量に到達するまでは、油も塩も、増やせば増やすほど強い味の印象を生むことができます。ただし、油については、強すぎるとくどくてしつこい味になってしまいますし、塩については、強すぎると全体の味を壊してしまいます。

ともかく、それほど強力なアイテムだと捉えておいてください。もしも、皆さんがカレーを作り始めるときに「ちょっと自信がないな」と感じるのなら、最初に使う油の量を増やしてみるのはひとつの方法です。

また、皆さんがカレーを作り終わったときに「ちょっと物足りないかも」と感じたなら、仕上げに加える塩の量を増やしてみるのもひとつの方法だと思います。

飲食店で提供されるカレーは、どうしても油と塩の量が多めになります。なぜなら、ひと口目から「うまい！」という反応が欲しいから。これは、必然的なことなのです。なので私の中では、この2つのアイテムをカレーの「ブースト（増幅）アイテム」と呼んでいます。

パウダースパイスを加えてから塩を加える。このときの塩は、スパイスの香りや辛さを引き立てる役割がある。

B 油・塩

ブーストさせるには理由がある

油と塩がブースト（増幅）アイテムだなんていってしまうと、単純にそれ自体の味の強さがカレーに加担しているようなイメージを持ってしまうかもしれません。そういう側面は確かにあります。なぜかといえば、油も塩もそれ自体がうまいですから。たとえば、ごはんに油と塩をふりかけたら、おかずがなくても食べられるほどのおいしさを持ちます。でも、それだけではないんです。

油も塩も、加熱中の鍋の中で、別の仕事をしてくれています。すなわち、役割があるわけです。油には加熱時に鍋の中の温度を上げ、火入れを強化する役割があります。素材そのものの表面に香ばしい香りが生まれ、味をさらに引き立たせるのです。また、香りが逃げないよう、定着させるのも油です。塩には素材から水分を抽出したり、ふり入れられた先の食味をはっきりとさせる役割があります。ふかしたじゃがいもをそのまま口に運ぶより、塩をふったほうがじゃがいもらしい味を感じやすくなるのはそのためです。

それぞれの役割をさらに具体的に見ていきましょう。

油は味と香りの集合体を作り上げるための触媒

カレーを作るとき、多くの場合、油は最初に鍋に投入されます。続いてホールスパイスが加わり、「炒める」というプロセスがスタート。このとき、油はどんな役割を果たしているのでしょうか？

よく説明に使われる表現として、「スパイスの香りを油に移します」というものがありました。確かにそういう側面もあります。ただ、1分程度炒めたところで、油に十分な香りが移るわけではありません。さらにカレーが出来上がるまで、少なくとも10分以上は加熱が続くわけですから、その間、スパイスの香りは出続けます。ホールスパイスを炒めるときの油の役割は、もうひとつあるんです。それは、「スパイスの形を部分的に傷つけて、香りが生まれやすい環境をつくること」です。カルダモンに亀裂が入ったり、クローブがふくらんだり、クミンシードが色づいたりする。それによって香りを多く出す準備が整うのです。

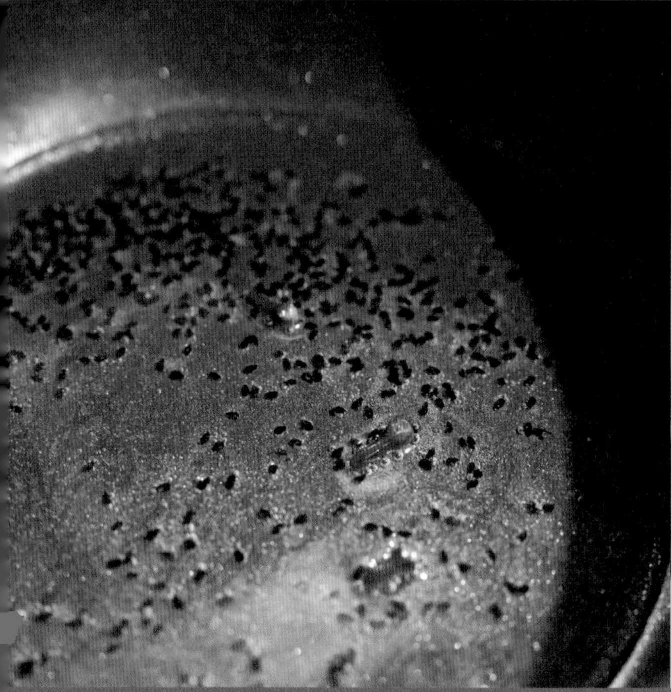

ホールスパイスを油で加熱することをテンパリングという。クローブやクミンシードなどが色づいて、香ばしい香りを生み出す。

では、玉ねぎを炒めるときに鍋の中にある油の役割は？

鍋の中の温度を上げることによって、玉ねぎの表面により強い火を入れます。その結果、アミノ酸と糖がメイラード反応と呼ばれる化学反応を起こします。それによって、香ばしい香りが生まれます。また、玉ねぎ自体をやわらかくして水分が抜けやすい状態を作ります。こうすることによって、玉ねぎらしい風味が強まっていく。すなわち、玉ねぎのポテンシャルを油が引き出すのです。

油があるおかげで、こんなことが鍋の中で連続的に起こっている。カレーの触媒として活躍するというわけです。

塩は素材の味を引き出し、なじませる効果がある

塩を使わずにカレーを仕上げ、最後に適量の塩を混ぜ合わせるのと、塩を少しずつふり入れながらカレーを仕上げるのとでは、完成するカレーの味が違います。後者のほうが断然おいしい。それはなぜでしょうか？

最後に塩をまとめて加える場合、塩は、塩分濃度を適正に保つ働きしかしません。途中途中で加えていく場合、塩は、その都度、鍋の中にある素材の味わいを引き出す役割も併せ持ちます。この違いは大きいんです。

カレーに使う各素材は、一定の加熱を経て細胞壁が破壊され、全透性という状態に至ります。素材の内側と外側で味の行き来が始まり、拡散と浸透を繰り返します。このときに塩が介在していれば、おいしさは強まります。

本来なら、新しい素材を加えるたびに、塩適量を加えたいところ。ただそこまで細かく気を配るのが難しいため、せめて仕上げよりも中間地点で加えておいたほうが、働きがいいのだと捉えておきましょう。

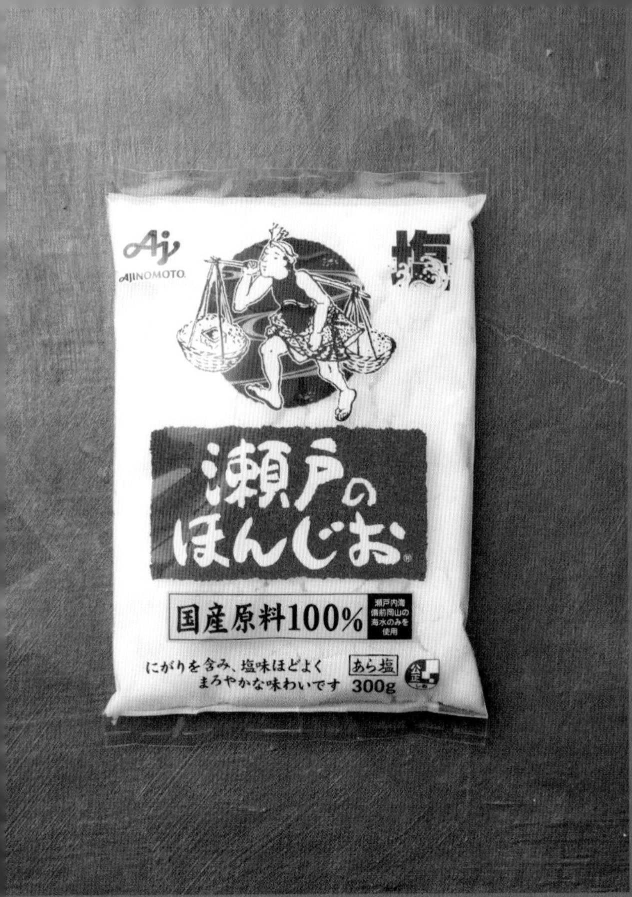

自然塩と精製塩で差が出る。自然塩は天然のおいしさがあり、精製塩には安定感がある。

塩を加えるタイミングを細かく変えるのは大変なので、パウダースパイスと同じタイミングで加えるとよい。

「味が甘い」とは？

カレーに求めるおいしさはコクがあってまろやかな味わい

カレーに使われる素材のうち、白いものにはカレーをおいしくする効果が期待できます。バター や生クリーム、ヨーグルト、チーズなど、乳製品であることです。これらに共通するのは、乳製品であることです。

おいしいカレーを表現するときに「コクがある」といいますが、コクを簡単に生むために活躍するのがこれらの乳製品です。動物性のものではありませんが、ココナッツミルクもカレーにコクを出す白いアイテムのひとつ。本書では登場しませんが、マーガリンや植物性のホイップなどもその仲間といっていいかもしれません。

すべてに共通しているポイントは、油分（油脂分）が含まれ、口当たりがまろやかで、甘みを引き立てるような味わいがあることです。

甘みそのものがあるわけではないが、甘い感じがする。ここまで解説してきた「味が濃い」や「味が強い」とは別の方向性を持つのが特徴です。そのため、これらのおいしさを「味が甘い」と表現しています。

このあとに続く糖分による直接的な甘みと同分類にして把握しておいてください。

C 乳製品／他

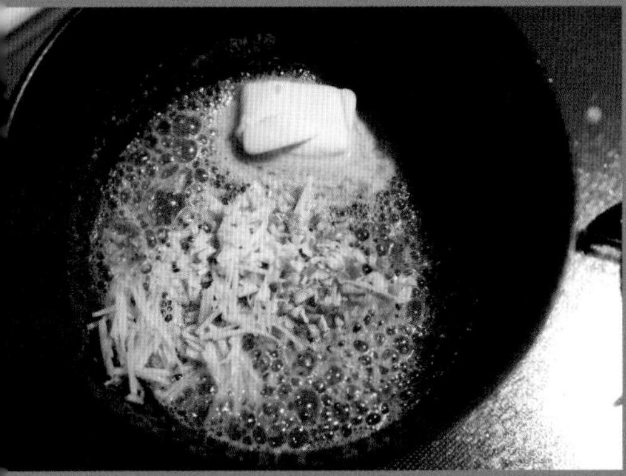

油をバターにすることでコクを出す

バターを使う場合、単純に油分を同量のバターに置き換える方法と追加でバターを添加する方法があります。前者は調理の前半に行われることが多く、強い火が入り、長時間加熱されるため、焦げやすいのが懸念点。後者は調理の後半に行われることが多く、前半に使う油の量とのバランスをとる必要があります。

仕上げにクリームやヨーグルトを加える

カレーに生クリームを加える場合、留意するべき点は、トータルの水分量を増やさないこと。水200mℓを使うレシピの場合、生クリームを50mℓ加えたかったら、水を150mℓに減らすなどしてバランスをとります。ヨーグルトも多くの水分を含むため、同様の配慮が必要。よく混ぜたり、加熱しすぎないことも大切です。

ココナッツミルクはタイカレー特有のコク

グリーンカレーや、レッドカレー、マッサマンカレーなどのタイカレーは、ココナッツミルクを煮詰めて抽出した油分にペーストをからめて作られます。また南インドやスリランカ料理の中にもココナッツミルクが活躍するカレーはたくさん。独特のコクと風味が生まれます。日本では缶詰などを使うのが一般的です。

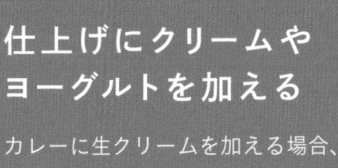

C 糖分

カレーを甘くするとおいしく感じるという不思議

味には「基本四味」と呼ばれる「塩味」、「苦味」、「酸味」、「甘み」の4つがあります。これとは別に、うま味を含めて「五味」と呼ぶ場合もあります。辛味は味覚ではなく、痛覚と呼ばれ、刺激に近い感覚です。そのため、これらには入りません。

基本四味の中で、口腔内で最も早く感知する味が甘みといわれています。最初に甘みを感じるとそのほかの味について敏感になり、より感知しやすくなるのです。

さらに甘みは多くの人が違和感なく受け入れられる味。たとえば、赤ちゃんは酸っぱいものや苦いものは苦手です。塩が強すぎるものも好みません。しかし、甘いものは子どもから大人まで好きな人が多い。「甘い」はうまい、「甘い」は人にやさしい味だといえます。

カレーに甘みを加えるためのアイテムは多岐にわたります。砂糖やはちみつはダイレクトに甘みを生むことができる。チャツネやジャムは酸味や風味も加わります。チョコレートには苦味もあります。炒め玉ねぎのように加熱によって引き出される甘みもカレーの強い味方です。

玉ねぎの甘み

玉ねぎを加熱（主に炒める）したときに生まれる甘みは、カレーに重要な役割を果たします。本来、玉ねぎの糖度は加熱しても変わりません。それなのに炒めると甘く感じるのはなぜでしょうか？　玉ねぎそのものが持っている辛味や苦味などが加熱によって減少するため、相対的に甘みが引き立って感じられるからです。同時進行で起こるキャラメリゼという現象も香ばしい香りと相まって甘みを強く感じる要因のひとつとなります。

砂糖とはちみつの役割

カレーに直接的な甘みを加えたいなら砂糖が最適です。ひと言で砂糖といっても数えきれないほどの種類があります。それぞれに特徴があるため、「カレーにはこの砂糖が最適」というものがあるわけではありません。少し風味を加えたいなら、はちみつを使うのもあり。いずれにしても加えた分だけ甘みが強まるのが特徴です。主に煮込みの段階で加え、水分を利用して全体になじませながら溶かしていくのがおすすめの使い方です。

チョコレートやジャム、チャツネで甘みと深みを出す

隠し味と呼ばれるアイテムがカレー作りにはよく登場します。主役ではないけれど、カレーをおいしくするために頼れる材料。その代表が甘味類（糖分）です。砂糖やはちみつ以外にも甘みを持っている多くのものが適します。ジャムやチャツネはフルーツ由来のものが多いため、風味や適度な酸味も加わります。フルーツそのものを使う場合も。チョコレートの場合はビターなテイストも加えられる。少し深みを出したいときに使えます。

カレーのおいしさに迫る④ うま味

「味が深い」とは？

見えないおいしさで深い味。うま味の正体に迫る

近年、世界の料理界でも注目を集めているのが「うま味」。「第五の味覚」とも呼ばれ、日本人が特に繊細に感知するという説もあります。

確かにうま味は、塩味や甘みのようなわかりやすい味とは違います。えびや魚介類など、よほど風味が強くて特徴的なうま味でない限り、はっきりと味を感じることは難しいかもしれません。

カレーの裏側にひっそりと身を潜めているけれど、実は影響力の大きい存在。うま味の足りないカレーと比較すると、うま味が十分なカレーには深い味わいがあります。

うま味が指し示すものは広く捉えられることもありますが、主にアミノ酸（特にグルタミン酸）を指します。本書では、イノシン酸やグアニル酸などはもちろん、滋味深さを生む原因となる味を総称して「うま味」と呼ぶことにしました。

うま味調味料や、その類が使われている市販の調味料類だけでなく、素材そのものから抽出できるうま味もあります。「なぜかうまい」、を生むアイテムです。

D だし

昆布のうま味

カレーに使うのはそれほどメジャーではないかもしれません。日本料理において、グルタミン酸のうま味を出すのに重宝されています。風味はそれなりにあるものの、カレーに使う場合、スパイスの香りなどが強いため、食べ手に気づかれずにうま味を生むのに適しています。味を全体的に丸くする効果もあるので、エッジのきいたカレーよりも調和のとれたカレー向きです。

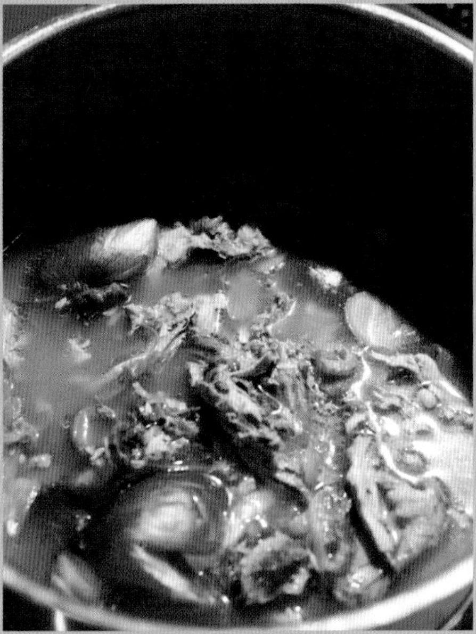

干しえびのうま味

えびはグルタミン酸を多く含む素材です。乾燥した干しえびの場合、サイズが小さいため、水で戻したりうま味を抽出したりするのにそれほど長い時間を要しません。甲殻類特有の風味を強く持ち、個性が出やすいのは昆布と違う点です。好みによりますが、カレーの性格をはっきりさせたければ、干しえびは少量でもしっかりと深い味が出せるため、だしをとるには効率のいいアイテムといえます。入れすぎには注意したほうがよさそうです。

スープストックのこと

市販のブイヨンの素やうま味調味料を使えば、うま味は簡単に加えることができますが、鶏がらや香味野菜を煮込んでとったスープのおいしさはそれとは別格です。煮込みに加える素材を自分で吟味することもできるため、うま味だけでなく同時に生み出す風味についてコントロールできるのが利点です。中国料理の白湯《パイタン》のように鶏がらを強火でグツグツと煮て、白濁した濃厚なスープをとるとカレーの強い味とバランスがとりやすくなります。

トマトのうま味をだしとして使う

カレーのうま味として最もオーソドックスかつ最も使い勝手がいいのはトマトです。グルタミン酸のうま味を持ち、加熱して脱水と濃縮をさせるとさらに強まって感じます。

うま味だけでなく、適度な酸味も同時に加わるため、カレーの味わいを引き締める効果もあります。旬の時期に品質のよいトマトが手に入るときには生のトマトがベストですが、安定した味を作り続けるなら加熱済みトマトがおすすめです。

インド周辺諸国のカレーでは、トマトを加えるタイプが多く、その影響からか、日本のスパイスカレーでもトマトは活躍します。

ただ、懸念点は、バリエーションを生みにくいことです。トマトの風味が強いため、どのカレーも似たような方向性になってしまうことがあります。あえて使わないという選択や、代用を見つけるのもあり。とにかく使いすぎには注意しましょう。

トマト水煮缶のホールタイプを使う場合は、手でよくつぶしてから使うこと。食感はもちろん、うま味もしっかり抽出できる。

フレッシュトマトを加えるなら ミニトマトがうま味が強い

P183のベジタブルカレーで使うフレッシュトマトは、ミニトマトを使用。甘みとうま味が強いミニトマトは、形と食感を残したいので、最後に加えてざっと混ぜ合わせて火を弱める。ヨーグルト、しょうがを加えてふつふつとするまで煮たら、その時点で火を止めるのがコツ。加熱済みトマトとは違い、フレッシュトマトは、さっぱりとした甘みとうま味、酸味を与えるほか、湯むきなどの手間もいらないので手軽に使えるアイテムとして秀逸。

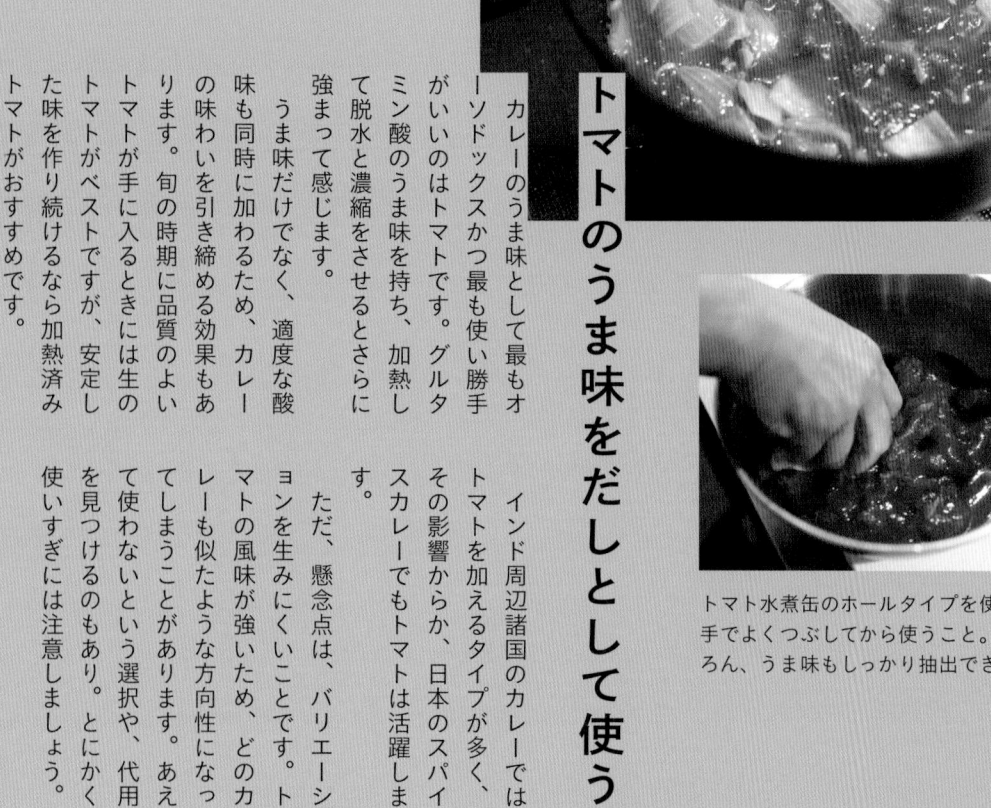

トマトの使い分け

フレッシュトマト

生（非加熱）のトマト。鍋の中で火入れしてやわらかくし、つぶしながら脱水、というプロセスを行うため、意外とハードルが高い。

トマト缶（ホール）

加熱済み。多くは原材料がサンマルツァーノ種で、加熱によってうま味が強まりやすい。クエン酸の酸味が気になることも。

トマト缶（カット）

ホールトマトとトマトの品種が違う。比較的軽めのため、どちらかといえばサラダ用。さっぱり味に仕上げたいときには有用。

トマトペースト

6倍程度に濃縮されているものが多い。これ以上鍋の中で脱水させる必要がないため、加えて混ぜ合わせるだけでOK。

トマトピューレ

3倍程度に濃縮されているものが多い。口当たりもなめらかで、炒めているときもなじみがいい。脱水も楽で使いやすい。

トマトケチャップ

調味料。原材料にトマト以外のものもいろいろと使われているため、味は濃くなるが、何が使われているかを把握して加えたい。

D 発酵調味料

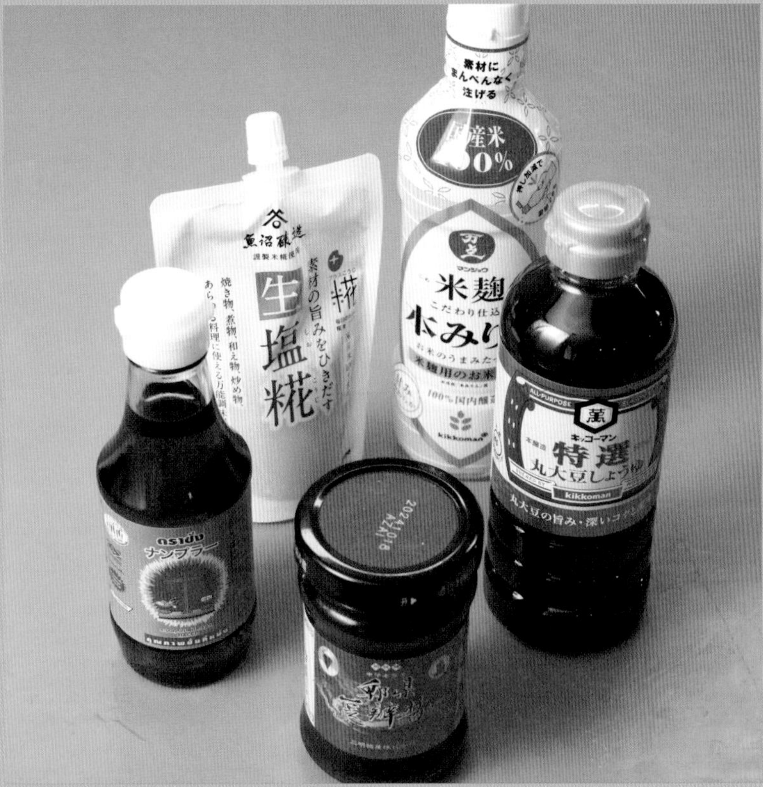

発酵調味料のうま味は重要。風味もあって味に深みを生む

発酵調味料が持つおいしさのカギを握っている要素は、大きく2種類あります。ひとつは、独特の風味。発酵が生み出す香りや味わいは個性的で、ジャンルごとにまるで違った特徴を持っています。これらの風味は料理の味わいを引っ張り、時には印象を決定づけるような影響力を持つこともあります。

もうひとつが、うま味です。大豆などを原料とするみそやしょうゆにも、魚を原料とするナンプラーなどの魚醤にもグルタミン酸のうま味が含まれています。グルタミン酸のおいしさは口の中ではっきりと選別して味わえるような類のものではありませんが、それを含むものと含まないものを比較すればおいしさの違いはハッキリとわかります。

魚介類を原料とする魚醤はアジア圏に無数に存在します。日本なら、いしるやしょっつるがありますし、タイのナンプラー、ベトナムのニョクマムなどなど。

中国の各種醤（ジャン）や韓国のコチュジャンはカレーの隠し味に使えますし、塩麹を塩の代わりに使うのも効果的です。

しょうゆとナンプラーのうま味

タイカレーを作るなら、ナンプラーやカピ（小えびの発酵調味料）が代表的なアイテムです。風味がかなり特徴的なため、好き嫌いは分かれるかもしれませんが、クセになるとやめられなくなるような魅力を持ちます。しょうゆを隠し味に使う場合は、どことなく和風なテイストや食べやすさ、なじみやすさが生まれます。使いすぎると、カレーそのものの風味とバッティングしてしまうこともあるので注意しましょう。

塩麹とみりんもうま味として利用する

カレーの味を邪魔せずに、ほどよく発酵調味料のうま味を加えたいとき、塩麹やみりんはとても頼りになるアイテムです。甘みを含み、まろやかで風味の個性はそれほど強くないのが特徴の発酵調味料。そこそこの量を加えても他の発酵調味料と比べれば、風味への影響は弱いため、使いやすいアイテムです。塩麹で肉をマリネしておいたり、みりんを煮込みに加えたりしてみてください。

豆板醤で辛味とうま味をプラスする

豆板醤は、中国料理でも特に四川料理に活躍するイメージがあります。そら豆や大豆に麹を加えて発酵させた発酵調味料で、油や唐辛子が加わっていることもあって、独特の風味の他に辛味も加わります。他にも甜麺醤、豆鼓醤などもありますし、香港のXO醤、韓国のコチュジャンなどもあります。それぞれに原材料や発酵の度合いが違い、どれも個性的ですが、明確な狙いをもって使わないとバランスが崩れてしまいます。

カレーのおいしさに迫る⑤

香り・風味

「香り」とは？

生み出す香りと加える香り

ビーフステーキを調理するときは、肉に塩とこしょうをふって焼きます。塩だけでもおいしいのに、なぜ、こしょうをふるのでしょうか？　それは、ピリッとした辛味がほしいから。でもそれ以上に、こしょうの香りを加えたいからなんです。こしょうの香りを加えると、肉自体の味わいが引き立って感じられます。塩だけをふったステーキよりも、塩とこしょうをふったステーキのほうがおいしい。これが素材や料理に香りを加える大きな理由です。

料理における香りには、2通りあります。「生み出す・引き出す香り」と「加える香り」です。前者は加熱調理によって素材そのものから導き出されます。経験や技術が問われる場合もあるかもしれません。後者はスパイスをはじめ、香りの強いものを添加する行為です。何を選び、どう組み合わせるかについては知識が必要ですが、加えさえすれば料理が思い通りの香りをまとう。だから、スパイスは非常に効果的なアイテムです。

E スパイス

スパイスに「味つけ」の役割はない

スパイスをつまんで、口の中に入れてみたことはありますか？　どんな味がすると思いますか？　もちろん、スパイスによって多少の違いはありますが、たいていの場合、雑味か苦味がします。すなわちスパイス自体は食べておいしいものではありません。

スパイスには「味つけ」という役割がありません。苦味や雑味が加わってしまうこともありません。セイロンシナモンは奥歯でギュッと噛むとほのかに甘みがあります。でもそれらは呈味《ていみ》と呼ばれ、スパイスから感じるわずかな味わいであって、「料理や素材に味をつける」という役割とは別なのです。

味つけはしないけれど香りづけはする。それがスパイスです。このことは非常に重要で、だからこそ、スパイスはどんな味のする料理とも相性よく組み合わせることができるのです。カレーは、そんなスパイスをおそらく世界で一番、多種多様に使いこなしている料理といえます。

スパイスが持つ3つの役割

スパイスの役割は多岐にわたりますが、主には以下の3つといわれています。

1 香りづけ

スパイスが持つ最も重要な役割です。ほとんどすべてのスパイスに「香りづけ」の役割があります。これは個々のスパイスが持つ複数の香気成分によるものです。温度上昇によって成分が揮発し、香りが生まれます。カレーに使われるスパイスの多くの香気成分は油溶性で、油に定着する性質があります。

2 色みづけ

ターメリックやサフランの黄色、パプリカやチリの赤色などはわかりやすく色がつきます。そのほかクローブも焦げ茶色に着色させますし、クミンやコリアンダーなどのスパイスも、特にパウダー状であれば、スパイスそのものの色がつきます。色をつけたくない場合は、ホールスパイスを選ぶか、白っぽいパウダースパイスを選びます。

3 辛味づけ

料理に辛味をつけるスパイスは、それほど多くありません。カレーに使うスパイスでは、主にチリ（唐辛子）、ペッパー（こしょう）、マスタード、ジンジャー（しょうが）あたりでしょうか。それぞれ辛味成分の性質が違います。この中で、最も鋭い辛味を生むのはチリです。チリとペッパーは無数の品種があり、辛味の程度も違います。

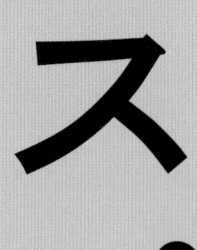

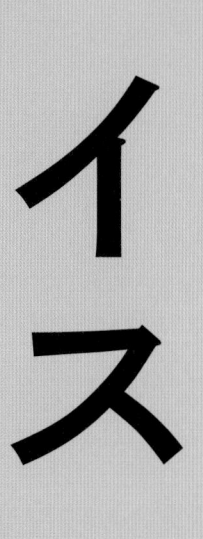

E スパイス

スパイスをどの状態で使うか

カレーにスパイスを使うとき、スパイスの形状（状態）は、主に5パターンに分けて考えるとわかりやすいです。まず生のまま（フレッシュ）か、乾燥（ドライ）させているかの違いです。スパイスによって生のほうが香りがいいもの、乾燥させたほうが香りが強まるものが違います。ただ前提として、どちらの状態でもそれぞれに香りはありますが、香りの質は違います。

次に丸のまま（ホール）かつぶす（ペースト、パウダー）かの違いがあります。ある程度水分を含む生のスパイスを石臼やミキサーなどでつぶせばペースト状になります。一方、乾燥したスパイスをミルで挽けばパウダー状になります。スパイスは形を残せば穏やかに香り、形をつぶせば強く香るのが特徴です。

スパイスの形状

フレッシュ	乾燥 》	ドライ
《		《
ホール	丸のまま	ホール
《		《
ペースト	つぶす	パウダー

スパイスヘキサゴンで香りを体系的に把握

個性豊かなスパイスの香りを自分なりに把握するための指標があります。それを「スパイスヘキサゴン」と呼んでいます。スパイスが持つ香りを「SHARP」「ELEGANT」「ROASTED」「MELLOW」「DEEP」「EARTHY」の大きく6つの方向性に分けて捉えます。これらの6つの方向性は、そこにスパイスを個別に分類するのではなく、各スパイスは6つの要素をすべて兼ね備えているというイメージです。ただ、どの方向性をどの程度持っているかはスパイスごとに違います。点数化して図に表すと香りの特徴を視覚的に捉えやすくなります。

スパイスヘキサゴン

グリーンカルダモンの場合

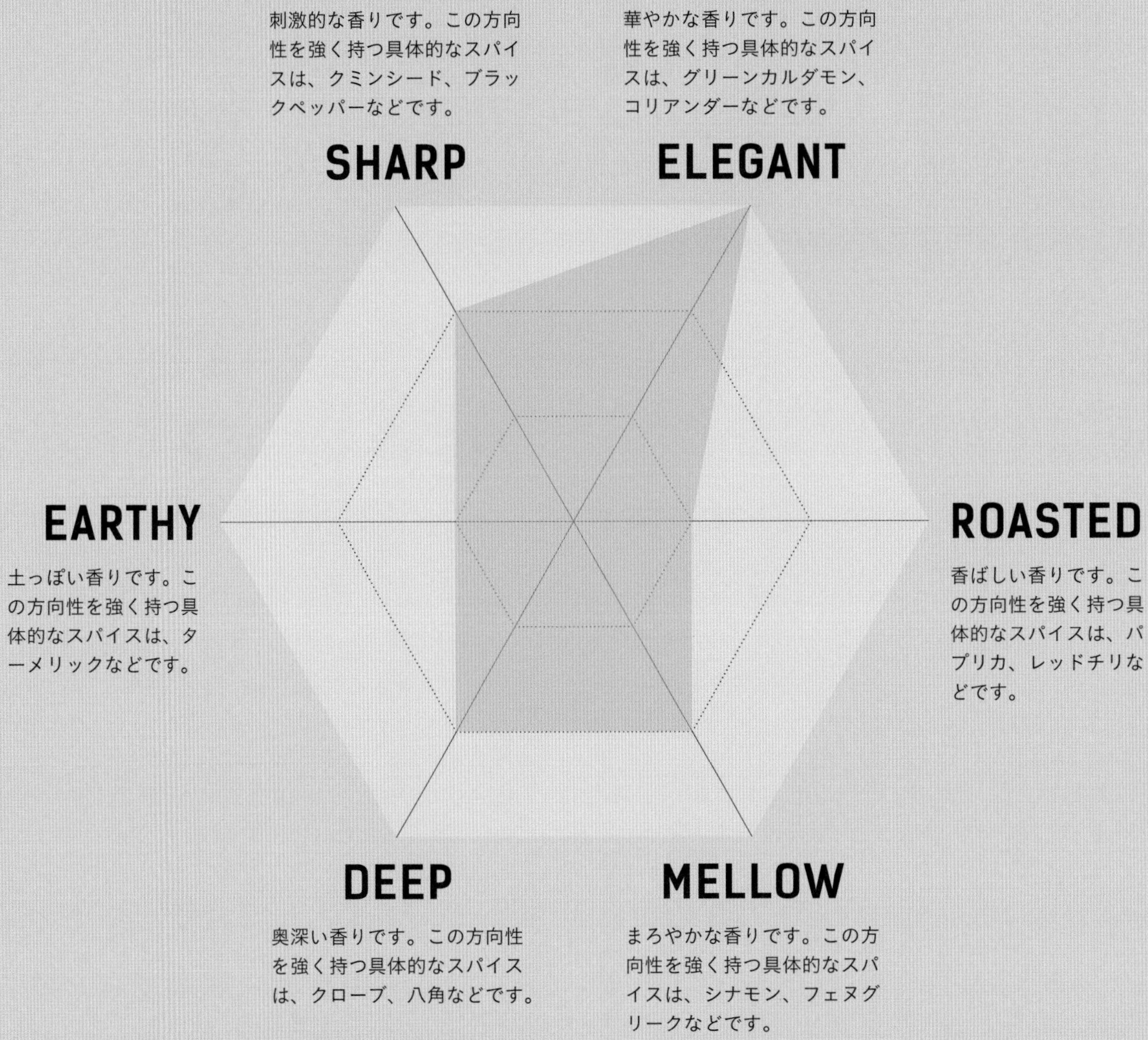

SHARP
刺激的な香りです。この方向性を強く持つ具体的なスパイスは、クミンシード、ブラックペッパーなどです。
ELEGANT
華やかな香りです。この方向性を強く持つ具体的なスパイスは、グリーンカルダモン、コリアンダーなどです。
EARTHY
土っぽい香りです。この方向性を強く持つ具体的なスパイスは、ターメリックなどです。
ROASTED
香ばしい香りです。この方向性を強く持つ具体的なスパイスは、パプリカ、レッドチリなどです。
DEEP
奥深い香りです。この方向性を強く持つ具体的なスパイスは、クローブ、八角などです。
MELLOW
まろやかな香りです。この方向性を強く持つ具体的なスパイスは、シナモン、フェヌグリークなどです。

「風味」とは？

味も香りも加えられる便利なアイテム

豊かな香りを持つ素材はスパイスに限りません。基本的にはカレーに使うすべての素材は、香りを持っています。その中で「スパイスには分類できないかもしれないが、香りが強いもの」を風味料としています。カレーに味と香りの両方を加えられる素材です。

たとえば、にんにくやしょうがは分類が難しい素材です。スパイスともいえるし、野菜ともいえそう。香りは強いですが、味もしっかりとあります。その点において、味よりもはるかに香りが強いクミンシードやコリアンダーシードなどのスパイスとは一線を画す存在です。

風味料に分類できる素材は多岐にわたります。ごぼうなどの風味の強い野菜、ごまやナッツ類、乾物全般、アルコール類全般などなど。風味の強いものを想像してもらうとわかる通り、カレーに加えた場合、かなり強い影響を与えます。風味の印象を強める反面、バランスよく使わないとカレー全体の香りが壊れてしまいます。その素材を加えてから、加熱でどの程度の風味がなじんだり、飛んだりするのかも重要なポイントになります。

E 酒類／他

日本酒、梅酒は甘みと風味を加えてくれる

日本酒は、加熱で香りが飛びやすいため、カレーの風味を邪魔しないアイテム。グツグツと煮ればほのかな甘みやうま味がカレーに加わります。梅酒なら独特の風味と酸味、甘みも加えることができます。少し個性的なカレーにしたいときには便利です。使用量が多すぎると「和風味」が強まってしまうので要注意です。

赤ワインは深みや色づけに

肉がメインのカレーの場合、ワインで煮込むのは効果的です。肉自体をやわらかくする効果があるうえに、ワインらしい風味を加えます。ワインの持つ独特の酸味は、こってりしがちな肉のカレーと合わせることでバランスをとったり、全体の味わいを引き締めたりすることもできます。赤ワインなら赤い色づけに。色の影響を避けたければ白ワイン。いずれもしっかり加熱してアルコール分を飛ばしましょう。

にんにくやナッツは深いコクを出してくれる

カレーにおけるにんにくは、最強の風味アイテムといっていいかもしれません。加熱時に生まれる香味は、食欲をそそり、カレーの味わいをグッと深め、おいしさを底上げしてくれます。しっかり加熱すれば香味が強まり、軽く加熱すれば、リフレッシングな香りを残すことができます。ナッツ類は、それぞれに風味が違いますが、適度につぶしたり、粉状にしたりするとカレーにコクやとろみを生み出します。

Eメイラード反応《風味

加える香りとは違う、生み出す香りの正体とは？

　茶色いものはおいしい、という印象を持っている人は多いと思います。こんがり色づいた料理はたいてい見ているだけで食欲をそそるものです。カレーは茶色いことが多いため、そういう点では代表格といえるかもしれません。茶色の正体は、ほとんどの場合、メイラード反応に起因しているといわれています。

　糖とアミノ酸が起こす化学反応でフランスのマヤール教授（英名：メイラード教授）が発見したもの。この反応によって生み出されるものは「うま味」や「特定の味わい」ではなく、いわゆる「香ばしい香り」です。この香りによって味わいをよりおいしく感じることができます。

　玉ねぎを炒めて色づけたり、肉の表面を焼いてこんがりさせたりするのは、メイラード反応の効果を狙った調理プロセス。そればかりか、しょうゆやみそ、コーヒー、チョコレートなど、もともとの素材が茶色いものは、その製造工程ですでにメイラード反応が起きている証拠です。

　とはいえ、厳密にはメイラード反応で起きていることや、なぜ人がおいしく感じるのかは、難解すぎて解明されていないようです。

メイラード反応とは？

糖とアミノ酸が反応を起こす

≫

様々な化学反応が起きる

≫

褐色物質と香り成分が生成される

玉ねぎに含まれる糖とアミノ酸の化学反応

玉ねぎを炒めるとカレーがおいしくなる理由は、2つあります。ひとつは甘みが引き立つこと。生の玉ねぎには、辛味や苦味なども含まれますが、加熱によって甘み以外の要素が減少し、相対的に甘みが際立って感じられるようになります。そのプロセスで玉ねぎの水分は抜けていき、濃縮された濃い甘みを生むようになるのです。

もうひとつの理由が、メイラード反応という、玉ねぎの表面が徐々に色づいていく現象です。前述の通り、この反応は、糖とアミノ酸が化学反応を起こし、香ばしい香りを生み出します。この香りが玉ねぎの持つうま味を引き立てる効果を持ちます。ですから、炒め玉ねぎを味見すると甘いだけでなく、おいしい味わいを感じられるのです。

炒め色については、深まれば深まるほどメイラード反応が進行したことになります。生の白っぽい状態（うさぎ色）だった玉ねぎが、ほんのり色づき（いたち色）、きつね色になり、さらに深まって（たぬき色）、あめ色と呼ばれる色（ひぐま色）にまで深まります。それ以上炒め続けた場合は、焦げてしまう（ごりら色）可能性もあります。炭化したときの焦げ臭い香りが出てしまうと、メイラード反応のおいしい香りは損なわれてしまいます。

なぜ、玉ねぎを炒めるとカレーがおいしくなるのか。それは、甘みが顕在化《けんざいか》し、香りによってうま味が引き立つからです。メイラード反応によって生まれる香り、それによって引き立つ味わいを区別して感じるのは困難なこと。そのため、これらをまとめて「おいしい風味」と捉えることにします。

肉は表面でたんぱく質の変性が起こる

肉を具とするカレー調理の場合、鍋の中のカレーソースに生肉を投入して煮込むよりも、別のフライパンで肉の表面全体に焼き色をつけてから煮込んだほうがはるかにおいしくなります。これもメイラード反応によるものです。糖とアミノ酸の化学反応によって生まれる物質は「メラノイジン」と呼ばれ、褐色や香ばしい香りの素となります。

肉の場合、表面の焼き色には別の要因もあります。肉に含まれる主なたんぱく質は、「筋原繊維たんぱく質」、「肉基質たんぱく質」、「筋形質たんぱく質」の3種類があります。これらが加熱によって熱変性を起こし、色素を変化させるからです。

かたまり肉のローストなどをするときに「60℃」という温度がキーポイントになるといわれますが、それはたんぱく質の変性と関係があります。

筋原繊維たんぱく質は65℃くらいから収縮しはじめ、70℃以上になるとかたくなり、80℃付近で収縮が止まります。その後は加熱しても食感は変わりませんが、風味は次第によくなります。

カレーの場合、焼き続けることはなく、後半で煮込みに入るため、肉基質たんぱく質が関係してきます。これは繊維をつないでいる結合組織（主にコラーゲン）で、煮込み続けるとゼラチン質を生み、温度上昇により肉がかたくなっても、ゼラチン質が食感をやわらかくする効果を持っています。筋形質たんぱく質は、アクの素となるともいわれています。肉の風味にはメイラード反応とたんぱく質の変性が関係しているということです。

カレーは鍋１つで作るケースが多いため、別のフライパンで肉の表面をこんがりと焼くプロセスが軽んじられる傾向がある。

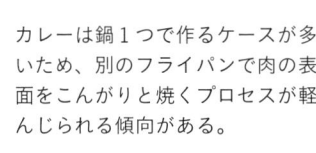

カレーのおいしさに迫る⑥

カレーのおいしさの見える化

味の方向性を整理する

カレーを作るとき、どんなおいしさを目指すのか、方向性を整理し、見える化することでイメージが湧きやすくなります。あらためてここまで述べてきた、原材料分析によるカレーのおいしさを整理すると、このような5つの要素が関係しています。この中で香りはすべての味わいを引き出し、引き立て、着飾るという役割を持つため、味の4方向について図式化し、各方向をどの程度持ったカレーにするのか（カレーになるのか）を把握できるようにしました。次のページでは、P13の「基本のチキンカレー」に使う材料を使って、例示してみることにします。

A	味が濃い	濃縮の度合い
B	味が強い	油と塩
C	味が甘い	コク
D	味が深い	うま味
E	香りがいい	風味

材料の合計量に対し、どの方向の材料をどの程度使用するのか

それによって3ポイント制にしておおまかに点数化してみました。

原材料を役割ごとに分類し、味の方向性を図式化する

A〜Dの4つの味の方向性のうち、原材料に直接関係するのは、「B：強い味」「C：甘い味」、「D：深い味」の3方向です。それぞれ1点か2点か3点かを決めるときの基準は、他のメニューとの相対的な比較でもいいですし、イメージ的なものでもいいと思います。

点数の正確性よりも、大まかな味の方向性を把握することを目的とした図として参考にしてください。残りの「A：濃い味」については、原材料よりも調理後にどれだけ濃縮したかによって決まります。

もうひとつの「E：香り・風味」についても3ポイント制で点数化し、図式化するときは色の濃さで表すとわかりやすいでしょう。

味の方向性

基本のチキンカレーの場合

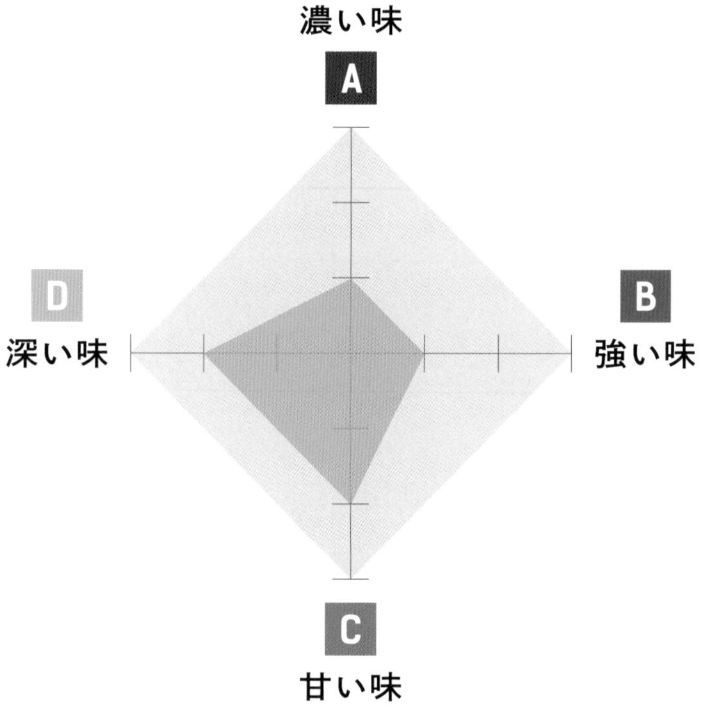

基本のチキンカレーの材料・4人分

※材料総合計（水を除く）	**959g**
※水	**200g**
※出来上がり量	**800g**

A 濃い味

※濃縮の度合い	1.2倍

B 強い味 計**44g**

植物油	36g
塩	8g

C 甘い味 計**305g**

玉ねぎ	250g
はちみつ	5g
生クリーム	50g

D 深い味 計**550g**

鶏もも肉	500g
トマトピューレ	45g
しょうゆ	5g

E 香り・風味 計**60g**

にんにく・しょうが	30g
ホールスパイス	2g
パウダースパイス	15g
ハーブ	13g

味のバランスを考える

味の方向性を整理するのとは別に、味のバランスを考えます。全体の材料に対して、どの割合でどの方向性の材料が使われているかをおおまかに円グラフで示してみました。

厳密に紐解いていくと、複数の味の方向性にまたがる要素も出てきます。たとえば、玉ねぎは「甘い味（甘み）」と「深い味（うま味）」の両方を兼ね備えています。鶏肉はカレーにおいては「メインの具」ですが、煮込むことによってエキスが抽出され、「深い味（うま味）」を生み出します。またそれらの素材を炒めたり焼いたりすることによって生まれるメイラード反応には香り（風味）を強める働きもあります。このようにカレーは様々な味わいと香りが混然一体となって完成するもののため、材料を正確に味の方向性として分類するのは難解ですが、イメージを把握するのに、このような視点は役立ちます。参考にしてみてください。

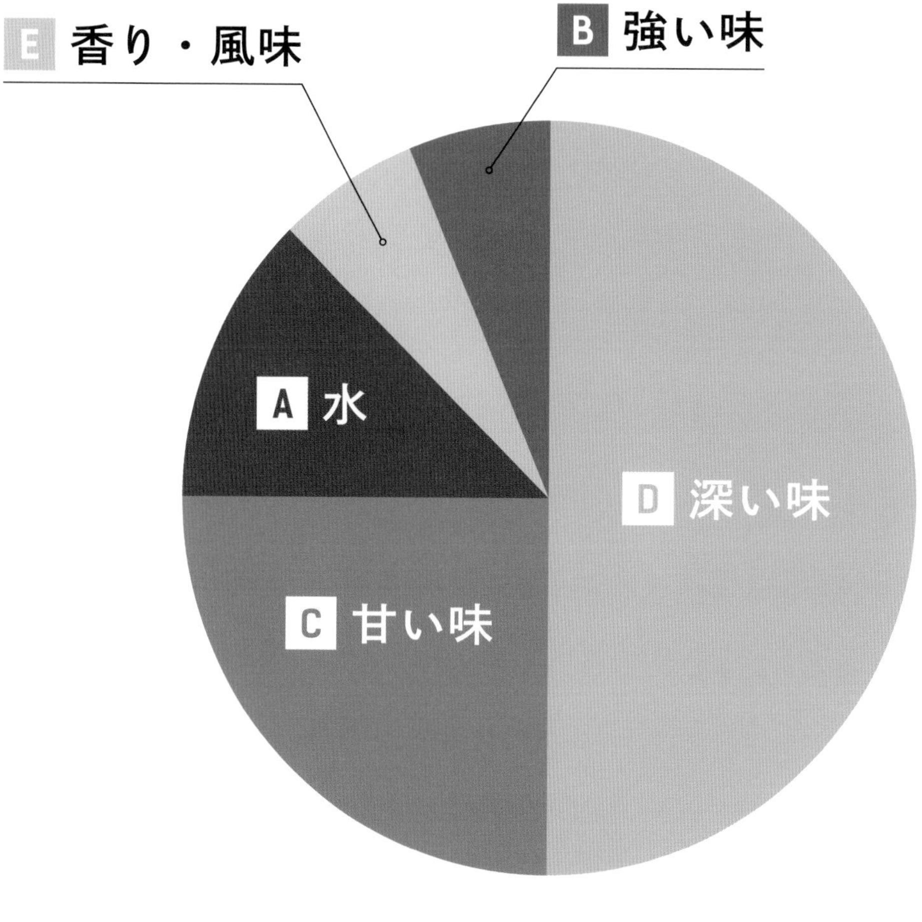

味のバランス

レトルトカレーの原材料分析

たとえばレトルトカレーを食べて「この味が好きだ」と思ったら、原材料をチェックしてみてください。ヒントはたくさん詰まっています。自分は何の味が好きなのかを探るキッカケになるはずです。今回は、人気のレトルトカレー10種類で原材料の分類をしてみました。濃縮の度合い（濃い味）については判断できませんが、深い味、強い味、甘い味などについては、どのような材料が使われているかがわかります。

平均的な原材料 ※順不同

食用油脂、食塩、砂糖、ソテードオニオン、バター、トマトペースト、チキンエキス、調味料（アミノ酸等）、カレー粉、ガーリック、香辛料、香料、牛肉、小麦粉、でんぷん、酸味料、カラメル色素

B 強い味

油と塩はすべてのカレーに使われています。油脂分については動物性と植物性に分かれ、両方を使っているものもあります。「甘い味」に分類していますが、バターも動物性油脂の仲間です。

C 甘い味

砂糖の入っているレトルトカレーは意外と多いことがわかります。それ以外に糖分が加わるアイテムとして最も活躍しているのはりんごです。また乳製品各種も重宝されていることがわかります。

D 深い味

「エキス」や「ブイヨン」とあるものについては、味の想像はつきますが、実態は何が使われているのか、具体的なアイテムは多岐にわたります。各種発酵調味料のほか、調味料(アミノ酸等)も大活躍。

具・その他

レトルトカレーの具は肉が主流。小麦粉やでんぷんなど、とろみのもととなっている材料や酸味料など味わいのバランスをとるための材料、カラメルをはじめとする色を整えるための色素も頻出。

1

ハウス
カレーマルシェ
中辛

2

新宿中村屋
インドカリー
ビーフスパイシー

3

ヤマモリ
グリーンカレー

4

明治
銀座カリー中辛

5

ハウス
咖喱屋カレー
中辛

6

大塚食品
ボンカレー
ゴールド中辛

7

S&B欧風カレー
ボンディ
チーズカレー
お店の中辛

8

ネゴンボ33監修
ポークビンダルー
辛口

9

無印良品
バターチキン
カレー

10

S&B
フォン・ド・ボー
ディナーカレー中辛

レトルトカレー原材料分類

想像以上に多くの材料が使用されている。
不明なものは調べてみよう。

分類	区分	原材料	1 カレーマルシェ	2 インドカリー ビーフスパイシー	3 グリーンカレー	4 銀座カリー	5 咖喱屋カレー	6 ボンカレーゴールド	7 欧風カレーボンディ チーズカレー	8 ポークビンダルー	9 バターチキンカレー	10 ディナーカレー	登場頻度
強い味	油	油脂／動物性（牛脂豚脂混合油、ブイヨンオイルなど）	●			●	●		●			●	5
		食用油脂／植物性（なたね油、ラード、大豆油、香味油、こめ油）		●	●	●		●		●	●	●	7
	塩	食塩	●	●	●	●	●	●	●	●	●	●	10
甘い味	糖分	砂糖、砂糖混合ぶどう糖果糖液糖	●	●	●	●	●	●	●		●	●	9
		玉ねぎ加工品（ソテー、エキス、ペースト、パウダー）	●	●		●	●	●	●	●	●	●	9
		りんご加工品（ペースト、パルプ、抽出物）	●	●		●		●	●			●	6
		他フルーツ加工品（チャツネ、甘味果実酒、バナナ、デーツ・マンゴーピューレ）	●	●				●	●	●		●	6
		甘味料（スクラロース）、水あめ		●			●						2
	乳製品／他	バター（ギー）、バターミルクパウダー	●	●		●			●		●	●	6
		生クリーム、クリーミングパウダー	●			●					●	●	4
		ヨーグルト		●									1
		チーズ、乳糖、ホワイトルウ、発酵乳	●						●	●		●	4
		ココナッツミルクパウダー		●	●				●				3
深い味	発酵調味料	みそ	●				●						2
		ウスターソース	●	●								●	3
		しょう油					●		●				2
		ナンプラー、シュリンプペーストパウダー			●								1
	だし	トマト加工品（ペースト、ピューレ、ケチャップ）	●	●		●	●		●	●	●		7
		ブイヨン（ビーフ、チキン、ポーク）	●			●	●	●					4
		エキス（ビーフ、ポーク、チキン）		●		●	●		●		●	●	6
		酵母エキス加工品	●	●			●	●				●	5
		調味料（アミノ酸等）	●	●		●	●	●	●			●	7
		フォンドボーソース、ベース調味料、鶏豚調味料				●			●			●	3
香り	スパイス・風味料	カレー粉・カレーペースト	●	●	●	●	●	●	●			●	8
		ガーリック（ペースト、パウダー）	●	●	●	●	●		●	●	●		8
		ジンジャーペースト		●					●	●	●		4
		エシャロットペースト、シャロット			●			●					2
		香辛料、香辛料抽出物	●	●	●	●	●	●	●	●	●	●	10
		香料	●			●	●	●	●			●	6
		赤ワイン、カシューナッツペースト									●	●	2
具	具	マッシュルーム	●						●			●	3
		肉（牛、鶏、豚）	●	●	●	●	●	●	●	●	●	●	10
		野菜（なす、じゃがいも、玉ねぎ、にんじんなど）		●	●	●	●	●	●	●	●		8
その他	その他	小麦粉	●	●		●	●	●	●		●	●	8
		でんぷん、増粘剤（加工デンプン）	●	●	●		●	●			●	●	7
		酸味料、米酢、pH調整剤	●		●		●	●	●	●		●	7
		色素（カラメル、パプリカ、ぶどう）	●	●		●	●	●	●	●		●	8
		乳化剤、酸化防止剤、塩化カルシウム、脱脂粉乳、たん白加水分解物、乳酸Ca	●	●	●	●	●	●					6

世界のカレー大解剖

2

スパイスカレーといえば、
世界のカレーも気になるところ。
各国の代表的なカレーと副菜の作り方、
日本のオリジナルカレーの作り方を
名店のシェフたちに紹介してもらいました。
それぞれの国の食文化とカレーのおいしさの
秘密を解明していきましょう。

国によって異なる食文化と原材料のこと

カレーは、世界各国でも様々な特徴があります。食文化と原材料に注目しながら違いを見ていきましょう。

世界のカレーの味わいの違いはその国の食文化や味覚に合わせて進化し続けている

日本ではお馴染みのカレーですが、世界各国にも特徴のあるカレーが存在します。そもそもカレーは、インドが発祥の地。イギリスがインドからカレーを自国に持ち帰り、その後、日本に伝えたといわれますが、現在の日本のカレーは、その過程で日本の食文化や食材を取り入れながら変化したものといえるでしょう。インドカレーでいえば、北インドと南インドのように、その地域によって気候や栽培される作物、宗教などが異なるため、使用する食材や味わいに大きな違いが出ることも。それ以外にも、インドの食文化圏のネパールやスリランカのほか、インドの影響を受け、スパイスやハーブを使用する食文化が発達したタイなどで食べられるカレーも、それぞれの国の気候や食文化ならではの特徴があります。

この章では、世界の代表的なカレーや日本のオリジナルカレーを名店のシェフたちに紹介してもらい、原材料の違いに着目しながら、おいしさの方向性を紐解いていきます。

この章で紹介する
世界のカレー
ORIGINAL
日本
》P114
NEPAL
ネパール
》P78
THAILAND
タイ
》P102
INDIA
インド（北・南）
》P56
SRI LANKA
スリランカ
》P90

インドカレー解剖

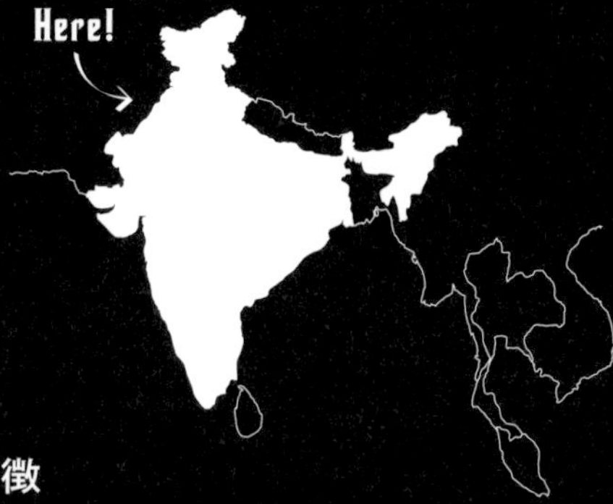

インド
【*India*】

首　都：	デリー連邦直轄地（ニューデリー）
公用語：	ヒンディー語、英語、その他
通　貨：	インドルピー
人　口：	14億1717万人（2022年現在）
主な食：	肉や野菜、豆類を使ったスパイシーな煮込み料理がメイン。北インドではナンやチャパティ、南インドではお米が主食。

カレーの特徴

北インドのカレーは、ギー（バター）やヨーグルトなどの乳製品やナッツを使ってじっくりと煮込むため、クリーミーで濃厚な味わい。南インドのカレーは、ココナッツミルクを使うものもあり、スパイシーな味わい。

INDIA

インドカレーは大きく分けると北インドと南インド

広大な国土に様々な言語や宗教、習慣を持つ人々が暮らすインド。地域を東西南北に分けることもありますが、カレーの特徴では大まかに北インドと南インドの2つに分けるとわかりやすいです。気候でいえば、北インドは夏と冬の温度差がはっきりしているのに対し、南インドは夏と冬の気温差がほとんどなく、高温多湿。このような気候の違いによって、栽培される作物やカレーの味わいも全く異なるのが特徴的です。

北インドは、トマトや玉ねぎがベースになり、鶏肉やラム肉などの肉を使用するなど、油脂分が多くてこってりクリーミーな味わいが多いのにに対し、南インドは、魚介類やココナッツが多く使われ、タマリンドの酸味をきかせた辛さと香りが際立つ味わいです。

主食のこと

北インドは、小麦が豊富に栽培されているため、ナンやチャパティ、プーリーなどの小麦粉を主材料としたパン食。南インドは、小麦があまりとれないので主食のメインはお米。米粉や豆の粉を使った蒸しパンなどもある。

よく使われるスパイスのこと

北インドは、カルダモン、クローブ、シナモンなどの香り高いスパイスやガラムマサラを使うのも特徴的。南インドは、チリやコリアンダー、カレーリーフ、マスタードシードなど。

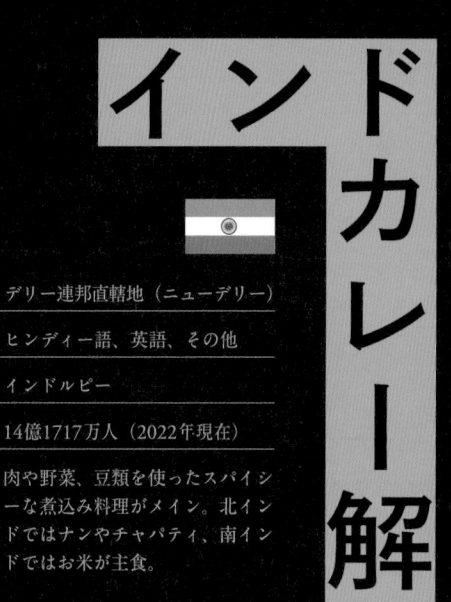

インドの主食は北は小麦、南は米に分かれる

冬が寒く、夏は40℃もの酷暑になる北インドの主な農業生産物は、小麦、ライ麦などの穀物やマスタード、チャナダル（ひよこ豆）、サトウキビなどで、主食は無発酵の全粒粉の生地を鉄板で焼いたチャパティやナンなどの各種パン類がメインです。チャパティを揚げたプーリーやナンを揚げたバトゥーラもよく食べられます。一方、南インドは、一年を通して比較的温暖で湿度の高い気候のため、米作りに適しており、主食はお米が中心。日本の定食に近く、ごはんと豆のスープ、カレーと惣菜を一緒に食べるというようなミールスという食文化があります。それ以外では、米粉と豆粉で作る蒸しパンや薄く焼いたクレープ状のドーサなども食べられます。

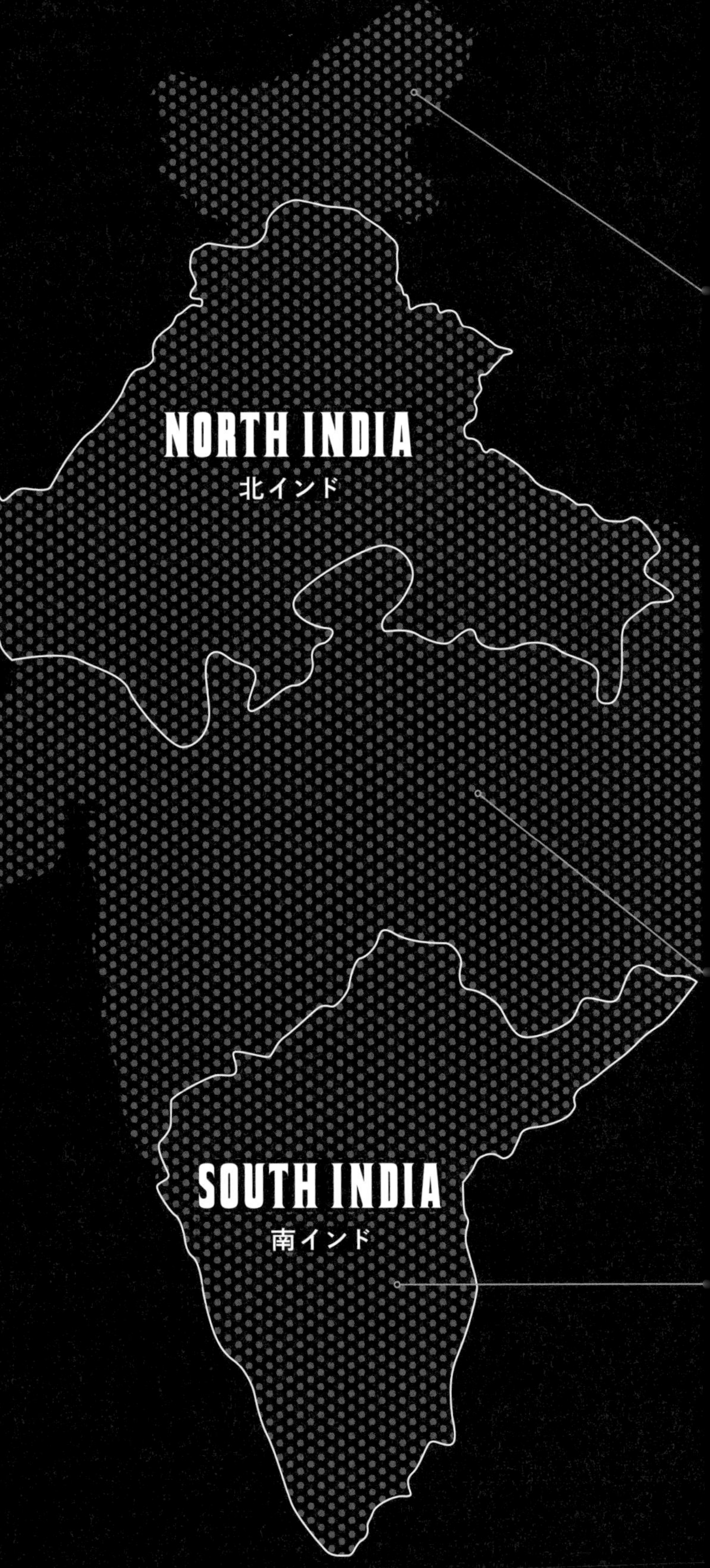

北はスパイスそのものの香り、南はスパイスの香味を重視する傾向がある

北インドカレーに使われるスパイスは、クミン、カルダモン、クローブ、ナツメグなどがメインで、ホールも使われますが、パウダースパイスを使うことが多いのも特徴です。北インドカレーのように、ヨーグルト、トマトベースのソースには、マイルドながら香り高いスパイスそのものの香りが尊重されます。一方、南インドカレーのように、サラサラとしたスープ状のカレーは、チリやコリアンダー、ブラックペッパーなどのホールスパイスや、独特の風味や香りを持つカレーリーフ、酸味のあるタマリンドを使うのがメイン。ホールスパイスは多めの油でテンパリングをして香りを立たせます。

インド宮廷料理 Mashalのターリー

北インドの食事は、大きなお皿にナンとカレー、副菜が盛られるワンプレート料理

本場インドの高級ホテルの味に勝るとも劣らない本格派インド料理が味わえる、インド宮廷料理「Mashal」。北インドの貴族の食事のために発展した「ムグライ」料理をメインに、ギーによるリッチな味わいと、ふんだんに使われるスパイスの贅沢な香りを堪能できる。今回は、北インドのインド版定食ターリーを岡崎シェフに教わる。タンドール窯で焼き上げるタンドリーチキンを使ったバターチキンカレー、川魚を使ったドイ・マーチなどの作り方は必見。

レシピ＆お話をうかがったのは……

インド宮廷料理Mashal
岡崎光義《おかざきみつよし》さん

日本のインド料理業界の第一人者であるシェフ：モハメド・フセインに師事し、「キッチンもホールもこなす」を信条としている。タンドール窯での火入れはシェフのお墨つき。

北インドカレー①

バターチキンカレー

たっぷりのバターとギーが贅沢に使われた濃厚な味わいは、北インドカレーの特徴です。香ばしく焼き上げたタンドリーチキンは最後に入れることで、やわらかく仕上げます。

出来上がり量 1060g

材料（４人分）

鶏もも肉……約1kg
A プレーンヨーグルト（無糖）……200ｇ
　マスタードオイル……大さじ３
　レモン果汁・GGペースト（＊）……各大さじ２
　塩……大さじ１
　ガラムマサラ……大さじ３
　チリパウダー……小さじ２
　ターメリックパウダー……小さじ１
玉ねぎ……中３個
トマト……１個
生クリーム……100mℓ
GGペースト（＊）……レードル２
＊ホールスパイス
　グリーンカルダモン……７粒
　ビッグカルダモン……４粒
　シナモンスティック……5cm
　クローブ……６粒
パウダースパイス
　チリパウダー・コリアンダーパウダー……各大さじ１
　ターメリックパウダー……小さじ１
ハーブ
　シナモンリーフ……２～３枚
　カスリメティパウダー……小さじ1/2
塩……小さじ１
ギー……大さじ３
大豆油……レードル1/2
無塩バター……50ｇ

※レードルは90mℓのものを使用
＊しょうが：にんにく＝2：1の割合でミキサーにかける。ボテッとしたテクスチャーになるように水を加減する。

作り方

1 鶏肉は一口大に切り、Aをもみ込み、30分以上おいて常温に戻す。玉ねぎはみじん切り、トマトは小さめの角切りにする。

2 鍋にギーと大豆油を入れ、弱火で熱する。

3 ホールスパイスとシナモンリーフを入れ、香りが出てくるまで炒める。

4 玉ねぎを加え、強火で炒める。

5 玉ねぎを炒めている間に1の鶏肉を串に刺し、タンドールに入れて焼く。家庭ではオーブンや魚焼きグリルで焼く。

6 玉ねぎが茶色く色づいてきたら、GGペーストを加える。

7 パウダースパイスを順に加え、塩を加えたら混ぜ合わせる。

8 トマトを加えて混ぜ合わせ、トマトがつぶれるまで炒めて火を止める。

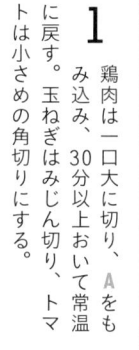

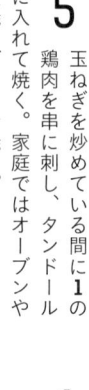

9

5がこんがりと焼けたら取り出し、串から外す。

10

8の鍋を強火であたため、生クリームを加えて混ぜ合わせる。

11

9を加え、全体にからめる。味見をし、さらに生クリームを加えるなど調整する。

12

カスリメティパウダーを加えて混ぜ合わせる。

13

バターを加え、混ぜ合わせてなじませる。

Memo 現地のバターチキンは辛味が立っている?

バターチキンカレーは、日本で最も有名なインドカレー。こってりクリーミーで濃厚な味わいですが、日本のレストランでは辛さは控えめ。本場では辛いのが一般的です。タンドリーチキンを家庭で焼くときは、魚焼きグリルで10分ほど焼いてから煮込みましょう。

北インドカレー②

ドイ・マーチ（北インドの魚カレー）

「ドイ」はヨーグルト、「マーチ」は魚という意味で、ヨーグルトがスパイスの辛さをマイルドにしてくれます。現地では川魚を使うことが多いですが、白身魚でもOKです。

出来上がり量 **1680g**

材料（4～5人分）

白身魚（バサなどの川魚。サーモンなど脂がのっている白身魚でもOK）……約1kg
A ターメリックパウダー……大さじ1/2
　塩……少々
玉ねぎ……中3個
プレーンヨーグルト（無糖）……1カップ
GGペースト（→P59）……レードル2/3
＊ホールスパイス
　グリーンカルダモン……10粒
　クローブ……5粒
　シナモンスティック……3cm
■パウダースパイス
　ターメリックパウダー……大さじ1/2
　コリアンダーパウダー……小さじ2
　チリペッパーパウダー……小さじ1
塩……小さじ1と1/2
水……200mℓ＋300mℓ
サラダ油……レードル7
マスタードオイル……250mℓ

作り方

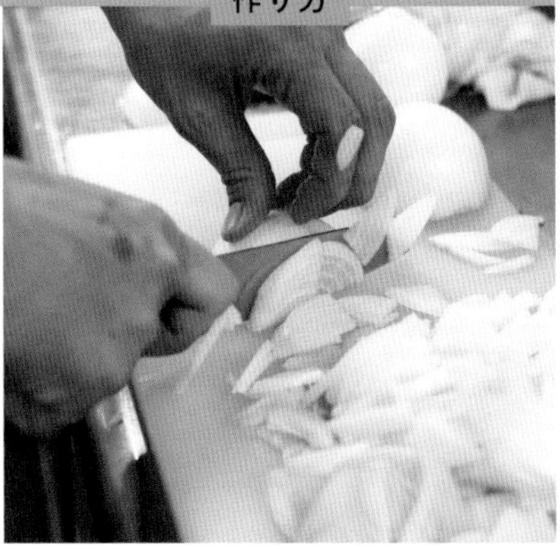

1 玉ねぎは4等分に切り、さらに薄切りにする。

2 小さいフライパンにホールスパイスを入れてゆすりながら乾煎りし、パチパチとしてきたらミルに入れ、パウダー状にする。

3 白身魚に**A**を軽くもみ込む。

4 鍋にサラダ油を強火でよく熱し、玉ねぎを入れ、焼き色が均一につくように混ぜながら炒める。

5 一気に色がつきはじめるので、焦げつかないように、絶え間なく混ぜながら炒め、甘みを引き出す。

6 あめ色になったら、火を止め、水200㎖を加え、ミキサーに油ごとすべて入れる。

7 **6**をペースト状になるまで撹拌する（オニオンペースト）。

8 別の鍋にマスタードオイルを入れて強火で熱し、香りと煙が出てくるまで加熱する。

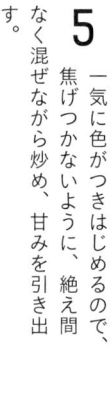

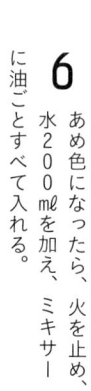

9 **3**の魚を入れて揚げ焼きにする。トングを使ってひっくり返しながら、両面を焼いていったん取り出す。

10 **9**の鍋に残った油は魚のうま味が残っているので、そのまま使う。**7**のオニオンペーストを半量入れて全体を混ぜる。

11 GGペーストを加えて混ぜ合わせる。

12 パウダースパイス、塩を加えて混ぜ、カレーベースを作る。

13 残りの**7**のオニオンペースト、ヨーグルトを加え、全体を混ぜ合わせる。

14 **2**を加え、混ぜながら煮ていく。

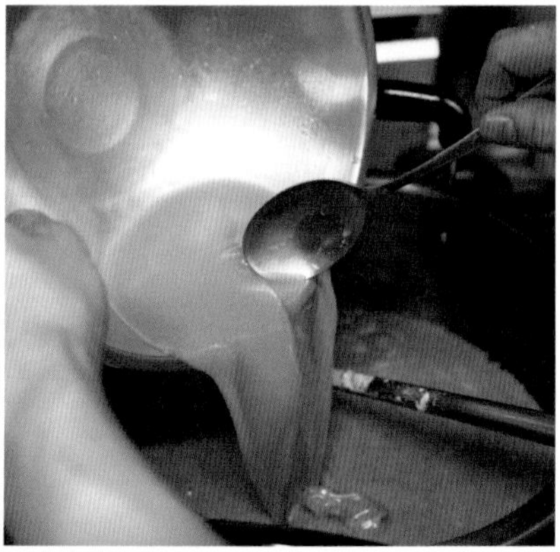

15 オニオンペーストが残ったミキサーに水300㎖を入れて洗い流すようにボウルに移し、鍋に加えてあたためる。

16 **9**の魚を戻し入れ、魚のうま味が溶け込んで味がまわるまで煮込む。

Finish

器に盛り、せん切りにしたしょうがと香菜をのせる。

水野仁輔の考察

乳製品のコクがおいしさのカギ
油と塩によるブーストもはっきり

日本に限らず世界中で愛されているインド料理の代表がバターチキンカレー。その名の通り、バターと鶏肉でできているカレーですが、乳製品のコクが主役です。

チキンティッカやタンドリーチキンなどマリネして炭焼きにした鶏肉を使うのが一般的。作り方には様々な手法がありますが、今回は、玉ねぎを炒めてうま味を強める濃厚なバージョン。

みじん切りの玉ねぎをこんがりと揚げるようなイメージで火入れし、トマトの水分でつぶしていく。生クリームが加わった状態はまろやかでなめらかなカレーソース。鶏肉についた炭のフレーバーが全体のバランスをとります。

ドイ・マーチは東インドの淡水魚（川魚）を使ったカレー。特徴的なのはマスタードの香りで、今回のようにマスタードオイルを使う場合もあれば、マスタードシードを石板でペーストにする場合もあります。

魚の臭みを適度に取り除くため、多めの油で調理するのも特徴のひとつ。この風味がマスタードの香りと調和します。ムスリム系の料理では、スライス玉ねぎでフライドオニオンを作ることが多くありますが、そのほかならみじん切りの玉ねぎを多めの油で炒めたものがベース。スパイスの使用量が多いため、はっきりとした香りを持っています。玉ねぎを加熱したときに生まれるメイラード反応の香味との組み合わせも印象的です。

NORTH INDIA

北インドカレー③

ダルタルカ（豆カレー）

インドでは国民食といわれるほどの定番カレー。豆を形がなくなるまで煮込みます。最後にスパイスを炒めた油をかけるのが特徴。

材料（4〜5人分）

マスールダル（レンズ豆）・
　トゥールダル（キマメ）……各200ｇ
玉ねぎ……中１と1/2個（400ｇ）
トマト……１個
グリーンチリ……３本
にんにく……1/2玉
＊ホールスパイス
　レッドチリ……４本
　クミンシード……小さじ１
パウダースパイス
A チリパウダー……小さじ１
　ターメリックパウダー……小さじ1/3
　ヒングパウダー……小さじ1/6
ギー……大さじ２〜３
塩……適量

作り方

1 マスールダル、トゥールダルはよく洗う。玉ねぎは小さめのさいの目に切り、トマトは乱切りにする。グリーンチリは切り込みを入れ、にんにくは薄切りにする。
2 鍋にマスールダル、トゥールダル、グリーンチリ、かぶるくらいの水、パウダースパイスA、塩を入れ、豆がやわらかくなるまで煮る。
3 フライパンにギーを強火で熱し、ホールスパイス、ヒングパウダーを入れて炒める。香りが立ったら玉ねぎ、にんにくを加えて炒め、色づいたらトマトを加え、形が崩れるまで炒める。
4 2に3を加えて混ぜ合わせる。

副菜②

シャミカバブ

材料（5～6枚分）

マトン……500g
チャナダル（ひよこ豆）……150～200g
玉ねぎ……中1/4個
グリーンチリ……2～3本

✱ホールスパイス
- シナモンスティック……5cm
- レッドチリ……3本
- コリアンダーシード……10～15粒
- ブラックペッパー……5粒
- クローブ・ビッグカルダモン……各3粒

パウダースパイス
- チリパウダー・コリアンダーパウダー……各小さじ1/2
- ターメリックパウダー・ガラムマサラ……各小さじ1/4

ハーブ
- シナモンリーフ……中2枚
- 香菜（パクチー）……適宜

水……1000mℓ
塩……小さじ1/2
サラダ油……適量

作り方

1 チャナダルはよく洗ってからたっぷりの水に3～5時間（できれば一晩）浸す。玉ねぎはみじん切り、グリーンチリは細切りにする。香菜は粗みじん切りにする。
2 鍋にマトン、ホールスパイス、シナモンリーフ、分量の水を入れてやわらかくなるまで煮込む。圧力鍋なら1～1.5時間ほど。
3 別の鍋にチャナダル、パウダースパイス、たっぷりの湯を入れ、適宜湯を足しながらやわらかくなるまで煮る。
4 フードプロセッサーに水けをきった2、3を入れてミンチ状にする。
5 ボウルに4、玉ねぎ、グリーンチリ、香菜、塩を加えて混ぜ合わせ、5～6等分に分けて円形に成形する。
6 フライパンにサラダ油を中火で熱し、5を両面焼く。

副菜①

アルゴビ

材料（4～5枚分）

A カリフラワー……中2個
A じゃがいも……中4個
玉ねぎ……200g
トマト……中2個
B グリーンチリ……1～2本
B しょうが……20g
C GGペースト（→P59）……大さじ1
C 水……500mℓ

✱ホールスパイス
- レッドチリ……3本
- シナモンスティック……4～5cm
- グリーンカルダモン……3粒
- ビッグカルダモン……2粒
- クミンシード……小さじ1/2

パウダースパイス
- コリアンダーパウダー……小さじ1
- ターメリックパウダー……小さじ1/2
- チリパウダー……小さじ1/4

ハーブ
- 香菜（パクチー）……適宜
- シナモンリーフ……3枚

カスリメティパウダー……小さじ1/4
湯……50mℓ
サラダ油……大さじ2

作り方

1 Aは一口大に切り、玉ねぎはみじん切りにする。トマト1個はミキサーで撹拌してジュース状にし、残り1個は角切りにする。Bのグリーンチリは細切り、しょうがはせん切りにする。香菜は粗みじん切りにする。
2 鍋にサラダ油を弱火で熱し、ホールスパイス、シナモンリーフを入れて炒める。香りが出てきたら玉ねぎを加え、強火で明るい茶色になるまで炒める。
3 Cとジュース状にしたトマトを加えて炒め合わせる。
4 パウダースパイスを加え、全体に混ぜ合わせたら、じゃがいも、カリフラワーの順に加える。
5 湯を加え、蓋をして弱火で10～20分煮る。
6 角切りにしたトマト、B、香菜、カスリメティパウダーを加えて軽く炒め合わせる。器に盛り、香菜を散らす。

Spice Boxのミールス

南インドの主食のお米と一緒に数種類のカレーや副菜を味わう

カレーの激戦区の神田で本格的な南インド料理が楽しめる「Spice Box」。日本人オーナーシェフならではの感性と、南インドの修業で得た100種近いカレーレシピの知識を融合させた独自性のあるカレーが人気で、化学調味料や添加物を使わず、繊細なスパイス使いで多くの人を魅了する。今回は、数種のカレー付き定食「ミールス」を斗内シェフに教わる。豆と野菜を煮たサンバル、ココナッツミルクを使ったフィッシュカレーなどの作り方を学ぼう。

レシピ&お話をうかがったのは……

Spice Box
斗内暢明《とないのぶあき》さん

12年間のサラリーマン生活を送ったのち、南インド・ケララ州の五つ星ホテル「Casino Hotel」で半年間修業。幼い頃からの夢であった自分の店を2016年にオープン。

南インドカレー①

サンバル（野菜と豆のカレー）

南インドの家庭では毎日食べられていて、野菜のうま味が楽しめる日本のみそ汁的存在のスープ仕立てのカレーです。タマリンドを加えて、独特な甘酸っぱさをアクセントに。

出来上がり量 1960g

材料（4人分）

A ベルギーエシャロット……1と1/2個
にんにく・しょうが……各20g
青唐辛子（あれば）……1本

B にんじん・大根・玉ねぎ・じゃがいも……各100g

C イエロームングダル・グリーンムングダル……各50g

D ターメリックパウダー……小さじ1/2
塩……小さじ1/2
水……600mℓ

タマリンド……35g

＊ホールスパイス
ブラウンマスタードシード・フェヌグリーク……各小さじ1
レッドチリホール（赤唐辛子）……3～4本

パウダースパイス
E サンバルパウダー……大さじ3
コリアンダーパウダー……大さじ2
チリパウダー……小さじ1
ターメリックパウダー……小さじ1
ガラムマサラ……小さじ1
ヒングパウダー……1～2ふり

ハーブ
コリアンダーリーフ（せん切り）……20g

トマト缶（ホール）……400g
水……800mℓ
塩……20～22g
サラダ油……50mℓ

作り方

1 Aのベルギーエシャロットは薄切り、しょうが、青唐辛子はせん切りにし、にんにくはみじん切りにする。Bの野菜は1～1・5㎝角に切り、じゃがいもは水にさらす。

2 Cの豆は米をとぐように、3回ほど水を替え、水が透明になるまで洗い、水けをきる。

3 小さめの器にタマリンド、ぬるま湯70㎖（分量外）を入れてほぐし、少しおく。

4 小さめの鍋に**2**の豆とDを入れ強火にかける。

5 豆の形が残るようにやわらかく、水がほぼなくなるまで煮る（*）。途中、水が足りなくなったら適宜足し、煮えたら蓋をして蒸らす。

6 深めの鍋にサラダ油を強火で熱し、ブラウンマスタードシードを入れ、パチパチと弾けるまで加熱する。

7 フェネグリーク、レッドチリホールを加え、茶色く色づくまで炒めたら、ヒングパウダーをふり入れる。

8 **1**で刻んだAの野菜、塩ひとつまみ（分量外）を加え、きつね色になるまで炒める。

*イエロームングダルは煮溶けてしまうが、グリーンムングダルで豆の形が残る。

9 粗めにつぶしたトマトを缶汁ごと加えて混ぜ合わせる。

10 ボウルに合わせておいたパウダースパイスEを加える。

11 **1**で角切りにしたBの野菜、水を加え、蓋をして野菜がやわらかくなるまで煮込む。

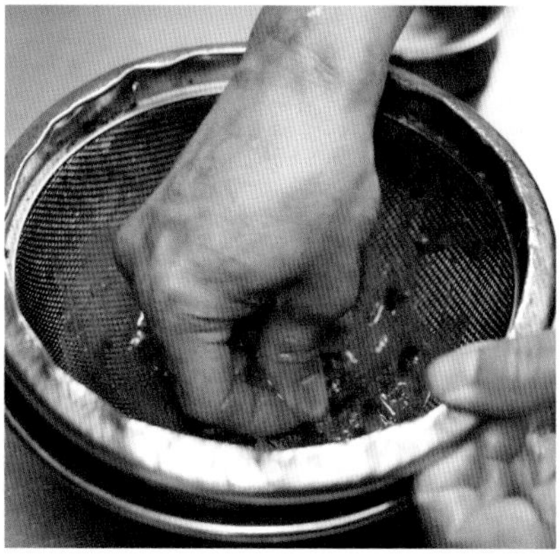

12 煮込んでいる間に、**3**をザルなどでこして種などは取り除いておく。

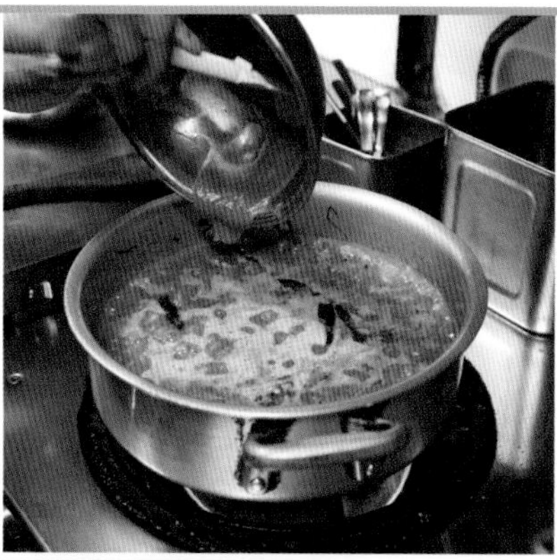

13 野菜がやわらかくなったら、**12**を**11**に加える。

14 塩、コリアンダーリーフを加えてなじませる。

15 **5**の豆を加え、スープになじませる。塩適量（分量外）で味をととのえる。

Finish

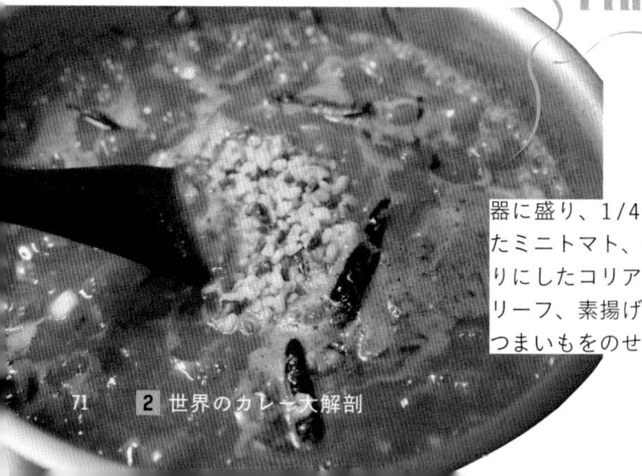

器に盛り、1/4に切ったミニトマト、せん切りにしたコリアンダーリーフ、素揚げしたさつまいもをのせる。

南インドカレー②

フィッシュカレー

ココナッツベースのやさしい味わいに、魚のうま味が溶け込んだカレーです。最後にテンパリングしたスパイスとハーブで香ばしさを加えて、香りをダイレクトに楽しんで。

出来上がり量 1450g

材料（4人分）

メカジキ……300g
A GGペースト（＊）……15g
　コリアンダーパウダー・
　　チリパウダー……各小さじ1
　ターメリックパウダー・
　　ガラムマサラ……各小さじ1/2
　塩……1g
片栗粉……小さじ1/2
B ベルギーエシャロット
　……1と1/2個
　にんにく・しょうが……各30g
　青唐辛子……1本
トマト缶（ホール）……400g
コーカム（またはタマリンド10g＋
　水30mℓ）……1個
ココナッツミルク……200mℓ
＊ホールスパイス
　ブラウンマスタードシード
　……小さじ1
ハーブ
　カレーリーフ（あれば）……0.5g
　コリアンダーリーフ
　（みじん切り）……適量
パウダースパイス
　チリパウダー……大さじ1
　ターメリックパウダー……小さじ1
塩……4g
水……400mℓ
ココナッツオイル……50g
テンパリング
　ベルギーエシャロット（薄切り）
　……20g
　カレーリーフ（あれば）……0.5g
　レッドチリホール（赤唐辛子）
　……1g
　ブラウンマスタードシード
　……小さじ1/2
　サラダ油……20mℓ

＊しょうが：にんにく＝6：4の割合でペーストにしたもの。

作り方

1 メカジキは2・5cm角に切り、Aに漬けて一晩おく。Bのベルギーエシャロットは薄切り、しょうが、青唐辛子はせん切り、にんにくはみじん切りにする。トマトは缶汁ごとミキサーで撹拌する。

2 メカジキを揚げる直前に片栗粉をまぶす。

3 鍋にサラダ油適量（分量外）を入れ、180℃に熱し、**2**をきつね色になるまでさっと揚げる。まわりがカリッとしてきたら、揚げ上がりの目安。

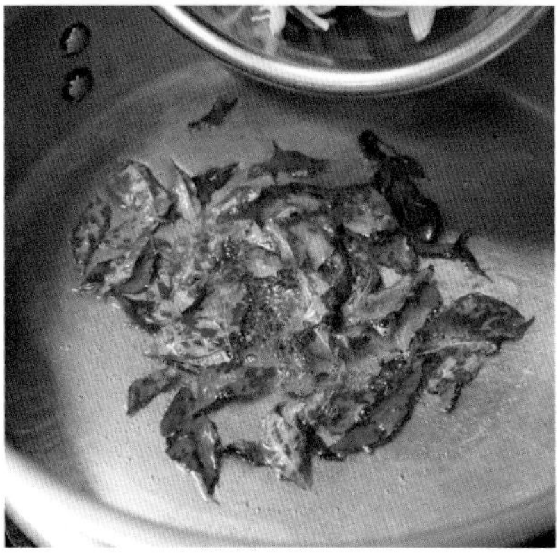

4 鍋にココナッツオイルを強火で熱し、ブラウンマスタードシードを入れてパチパチと弾けてきたら、カレーリーフを加える。

5 カレーリーフが油になじんだら、**1**で刻んだBを加えて炒める。

6 **5**をきつね色になるまで炒めたら、**1**でジュース状にしたトマトを加える。

7 すぐにパウダースパイス、水を加え、全体を混ぜ合わせる。

8 コーカムを加え、蓋をしてひと煮立ちさせる。

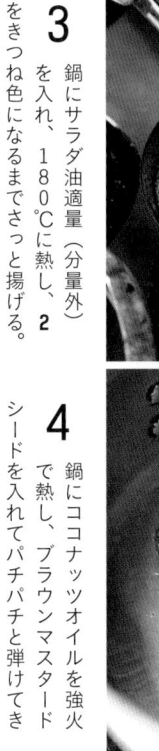

9 煮立ってとろみがついたら、ココナッツミルク、**3**、塩を加える。

10 あまり混ぜすぎずに、メカジキがなじみ、片栗粉が少しふやけてくるまで煮詰める。

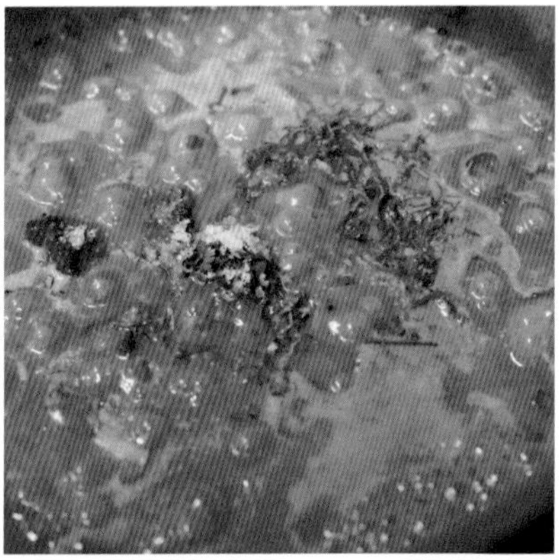

11 コリアンダーリーフを加え、塩適量（分量外）で味をととのえる。

12 フライパンにテンパリング用のサラダ油を強火で熱し、ブラウンマスタードシードを入れる。パチパチと弾けてきたら、テンパリングの残りの材料を加え、茶色くなるまで炒める。

13 **11**に**12**を油ごと入れ、蓋をして香りを閉じ込め、5分ほどおいたら軽く混ぜ合わせる。

器に盛り、お好みでさらにせん切りにしたコリアンダーリーフをのせる。

水野仁輔の考察

仕上げに香らせるテンパリング香味と香りを最大限に活かす

南インドで愛されるサンバルは、日本でいうみそ汁のような存在。豆をベースにしています。玉ねぎやスパイスを炒め、野菜を煮込んだあと、仕上げに豆を加えて風味をアップさせる手法を紹介しています。

フィッシュカレーはトマトベースにココナッツミルクを加えた甘く深いカレーソース。素揚げした魚を加えた後にテンパリング。

油で炒めて香味を立たせたスパイスを仕上げに加えることで香りの印象を強めています。南インドでは一般的に行われている方法です。

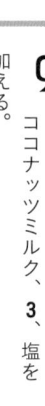

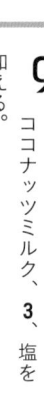

南インドカレー③
カダラカリー（ひよこ豆のカレー）

ゴロゴロと入ったひよこ豆の食感に、トマトの酸味がさわやかなカレーです。シンプルな食材で作るから、スパイスの香りが引き立ちます。

材料（4人分）

ひよこ豆（乾燥）……200ｇ
水……1400㎖
玉ねぎ……1/2個
しょうが・にんにく……各20ｇ
青唐辛子（あれば）……1本
トマト缶（ホール）……200ｇ
GGペースト（→P72）……小さじ1
＊ホールスパイス
　レッドチリホール（赤唐辛子）……3本
　ブラウンマスタードシード……小さじ1/2
　フェヌグリーク……小さじ1/2
パウダースパイス
A コリアンダーパウダー……小さじ1
　チリパウダー・ガラムマサラ・
　　ターメリックパウダー……各小さじ1/2
B コリアンダーパウダー……大さじ1
　チリパウダー・ガラムマサラ・
　　ターメリックパウダー……各小さじ1
塩……適量
サラダ油……30㎖

作り方

1 ひよこ豆は乾燥した状態で一度こすり合わせるように洗う。ボウルに入れ、分量の水（ひよこ豆の7倍量）を加え、ラップをして浸す。夏場なら6～8時間、冬場なら10～12時間浸す。
2 圧力鍋に1を水ごと入れ、GGペースト、パウダースパイスA、塩6ｇを入れ、豆がやわらかくなるまで加熱する。
3 フライパンにパウダースパイスBを入れ、弱火でミルクチョコレートほどの茶色になるまで乾煎りする。水適量（分量外）を加え、これ以上火が入らないようにする。
4 玉ねぎ、しょうが、にんにく、青唐辛子はみじん切りにする。
5 深めの鍋にサラダ油、ブラウンマスタードシードを入れて弱火で加熱し、パチパチと弾けてきたら、フェヌグリーク、レッドチリホールを加え、茶色く色づくまで炒める。
6 5に4を加え、茶色く色づいてきたら火を止め、3、トマトを缶汁ごと加えて混ぜ合わせる。
7 6に2を加え、豆が崩れないように注意しながら煮込み、好みの粘度になったら塩適量で味をととのえる。

副菜①
パニプリ

サクッとしたプリ（風船のようにふくらんだ揚げパン）に、冷たいサラダを入れて食べるインドのストリートフードのひとつ。食べる直前にタレをかけていただきます。

材料（4人分）

じゃがいも……1個
水……200mℓ
塩……2g
トマト……1/2個
ハーブ
　コリアンダーリーフ……適量
プリ……12個
揚げ油……適量
A チャットマサラ……10g
　スペアミント・
　　コリアンダーリーフ……各6g
　青唐辛子……1/2本
　レモン果汁……6mℓ
　タマリンドペースト（市販品）
　……2g
　水……200mℓ
　塩……1g

作り方

1 ミキサーにAを入れて撹拌し、ジュース状にする。
2 鍋に適当な大きさに切ったじゃがいも、分量の水、塩を入れてゆでる。竹串がスッと通るくらいまでゆでたら湯を捨て、水分を飛ばすように鍋をゆすり、冷ます。
3 トマトは小さめのさいの目切り、コリアンダーリーフは刻む。
4 鍋に揚げ油を150〜160℃に熱し、プリを入れる。上下を返しながら均一に火が入るようにし、大きくふくらみ、こんがりとしてくるまで揚げる。
5 4の粗熱がとれたら、親指で中央に穴をあけ、2、3を中に詰め、食べる直前に1をかける。

副菜② ビーフカツレツ

スパイスの香りが効いた肉汁が絶品の副菜です。
お好みでトマトソースをつけて食べるのもおすすめです。

材料（4人分）

牛ひき肉（粗びき）……300g
A 玉ねぎ（みじん切り）……1/2個分
　にんにく（みじん切り）……3かけ分
　しょうが（みじん切り）……3かけ分
　青唐辛子（みじん切り）……1本分
B じゃがいも（適当な大きさに切る）……300g
　水……600mℓ
　塩……6g
＊ホールスパイス
　ブラウンマスタードシード……小さじ1
　クローブ……1g
パウダースパイス
　コリアンダーパウダー……大さじ1
　チリパウダー・ターメリックパウダー・ガラムマサラ・ブラックペッパーパウダー……各小さじ1
ハーブ
　コリアンダーリーフ（刻む）……適量
塩……3g
サラダ油……大さじ2
小麦粉・溶き卵・パン粉・揚げ油……各適量

作り方

1 鍋にサラダ油、ブラウンマスタードシードを強火で熱し、パチパチと弾けてきたら A を加える。
2 玉ねぎが色づいたらひき肉を加え、ほぐしながら水分を飛ばすように炒める。
3 パウダースパイス、塩、コリアンダーリーフを加えて炒め、鍋底が若干焦げつくようになったら火を止め、蓋をしておく。
4 別の鍋に B とクローブを入れ、竹串がスッと通るくらいまでゆでる。湯を捨て、水分を飛ばすように鍋をゆする。
5 3に4を加え、じゃがいもが大きく残る程度に崩しながら混ぜ合わせる。
6 5を70gほどの円形に成形し、小麦粉、溶き卵、パン粉の順にまぶす。
7 170℃の揚げ油で6を揚げる。

ネパールカレー解剖

ネパール
【*Nepal*】

首　都：カトマンズ

公用語：ネパール語

通　貨：ネパール・ルピー

人　口：3054万人（2022年現在）

主な食：ネパール料理は、インドやチベットに影響を受けた料理が特徴。国民食「ダルバート」や蒸し餃子の「モモ」などが代表的。

カレーの特徴

インドカレーに比べて、スパイスが控えめでシンプルな味わい。サラサラとしていて、ごはんと混ぜながら食べるのが一般的。油も少なめでトマトや玉ねぎなどの野菜とカルダモンやクミンなどのスパイスと煮込まれるものが多い。

NEPAL

インド・チベット料理が融合された独自の食文化

ネパールは、北に中国のチベット自治区、東、西と南はインドに接している内陸国。チベットとネパールの境には、世界最高峰のエベレストを有するヒマラヤ山脈があり、その山頂と最低標高の差は8788mともいわれています。このような地理的な特性と多様な民族によって、独自の食文化が形成されています。1日2食の場合も多く、朝10時頃と夜7〜10時の間に食事をします。土地柄もあり、インド料理と中国やチベット料理が融合されているのが特徴。代表的な蒸し餃子の「モモ」はチベット起源の料理です。インド料理ほどスパイスは強くなく、野菜が多めで日本人の舌に合う味わいです。ヒンズー教の影響が強いので、牛肉はあまり食べません。

ネパールの主食は米。日々の食事はダルバートとタルカリ

ネパールの国土の中でも、南側に位置するタライ平原や丘陵地帯は、6月から9月までの夏が雨季となり、農耕地に適した土地として知られています。タライ平原と丘陵地帯は農耕地となっており、中でも水稲の栽培面積が最も大きく、主に白米を主食としています。白米はバートと呼ばれ、ネパール料理の定食「ダルバート」は、白米ごはんが定番で、チキンカレーとタルカリ（野菜カレー）、豆スープとアチャールを添えていただきます。他には、小麦を使ったチャパティやロティ、じゃがいもやとうもろこしも主食として食べられます。焼きそばのような「チャウミン」という麺料理や、チャーハンのようなフライドライス「ブテコバット」も代表的な料理です。

スパイスは控えめで食べやすいのが特徴

ネパール料理に使用されるスパイスの種類は極めてシンプルです。カレーに欠かせないのはクミン（ジーラ）、コリアンダー（ダニア）、ターメリック（ハルディ）、フェヌグリーク（メティ）、マスタードシード（トリ）、アジョワン（ジュワーノ）、カルダモン（アレチ）、クローブ（ルワン）など、個性豊かな香りを出すスパイスです。これらのスパイスは、ネパール料理の豊かな味わいや風味に欠かせないもの。インドカレーに比べるとスパイスの量は控えめですが、地域や家庭によっても使い方は異なります。油を控えめにしながらも多種多様のスパイスを組み合わせて使うからこそ、食べやすくヘルシーな味わいに仕上がります。

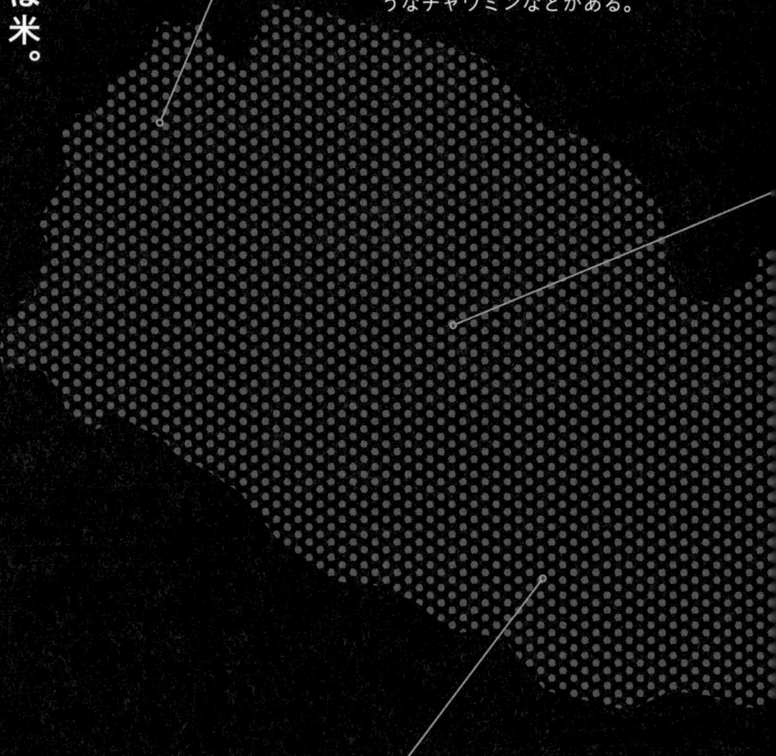

主食のこと

ネパール料理は米が主食。細長くパラパラしたインディカ米がほとんど。それ以外には、じゃがいもや豆、麺類なども主食として食べられる。麺料理では、あんかけ麺のようなトゥクパ、焼きそばのようなチャウミンなどがある。

よく使われるスパイスのこと

主にクミン、コリアンダー、カルダモン、シナモン、クローブなどを使用するが、量は控えめでシンプルな味わい。特徴的なのがジンブと呼ばれるネギ科の植物を乾燥させたもの。ダルスープの味つけに使われる。

Soaltee Modeのダルバート

ダルは豆、バートは白いごはんのこと。チキンと野菜のカレーにアチャール

恵比寿にて、家庭で食べるような本来のネパール料理が楽しめる「Soaltee Mode」。ランチは「ダルバート」一択で、チキンカレーと野菜カレー、アチャールと特製のトマトペースト、ダール（豆のスープ）がつくプレートランチ。

プレート内で好みで混ぜ合わせ、いろんな味わいを楽しむスタイルで、ふと食べたくなる中毒性がある。今回は、お店で提供されているダルバートのチキンカレー、アルチャナ、ダールなどの作り方をシェフに教わる。

レシピ&お話をうかがったのは……

Soaltee Mode
Madan（マダン）さん

ネパール人で、30年ほど前に来日。六本木のレゲエバーのスタッフだったという経歴の持ち主で、店内もレゲエが流れている。とても陽気な店主の雰囲気にぴったりだ。

ネパールカレー①

チキンカレー

ネパールカレーは使うスパイスが少ないので、比較的挑戦しやすいカレーのひとつです。そんなシンプルなカレーには、しっかり味の副菜をつけるのがおすすめ。

出来上がり量 1090g

材料（5～6人分）

鶏もも肉……1.3kg
玉ねぎ……1と1/2個（300g）
トマト缶（ホール）……200g
しょうが（すりおろし）・にんにく（すりおろし）……各大さじ1

＊ホールスパイス
グリーンカルダモン……5粒
フェヌグリーク……ひとつまみ
クミンシード……ひとつまみ

パウダースパイス
ターメリックパウダー……大さじ1
コリアンダーパウダー……大さじ1
チリパウダー……大さじ1/2
パプリカパウダー……大さじ1/2
クミンパウダー……大さじ1

仕上げのスパイス
ガラムマサラ……小さじ2

ハーブ
カスリメティパウダー……ふたつまみ
香菜（コリアンダー／細かく刻む）……4本分

塩……小さじ1
サラダ油……150mℓ

作り方

1 すり鉢にグリーンカルダモンを入れてつぶし、殻は取り除く。

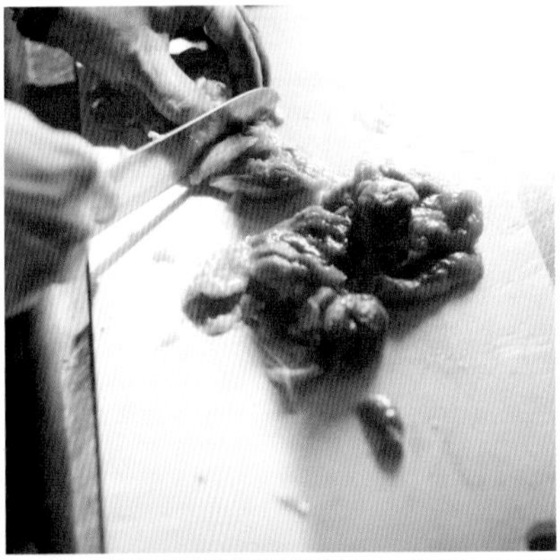

2 鶏肉は大きめの一口大に切り、玉ねぎはみじん切りにする。

3 鍋にサラダ油100㎖を強火で熱し、フェヌグリーク、クミンシードを入れて色がつくまで軽く炒める。

4 1のグリーンカルダモンを加える。

5 香りが出てきたら、玉ねぎを加え、3〜4分炒める。

6 玉ねぎが軽く色づいてきたら、しょうが、にんにくを加える。

7 しょうが、にんにくの香りが出てきたら、パウダースパイスを加える。

8 パウダースパイスが焦げないように気をつけながら、しっかりと混ぜ合わせる。

9 サラダ油を50mℓ足してさらに炒め合わせる。

10 トマトを手でつぶしながら加え、水適量（分量外）で缶の中を洗うようにしてすべて加える。

11 塩を加えて炒め合わせる。

12 鶏肉を加え、15分ぐらい炒める。

13 鶏肉の水分で炒めていく。蓋をして、焦げないようにときどき混ぜ合わせながら、20〜30分ほど煮る。

14 ガラムマサラを加える。カスリメティパウダー、香菜を加え、塩適量（分量外）で味をととのえる。

Finish

器に盛り、お好みでさらに刻んだ香菜を散らす。

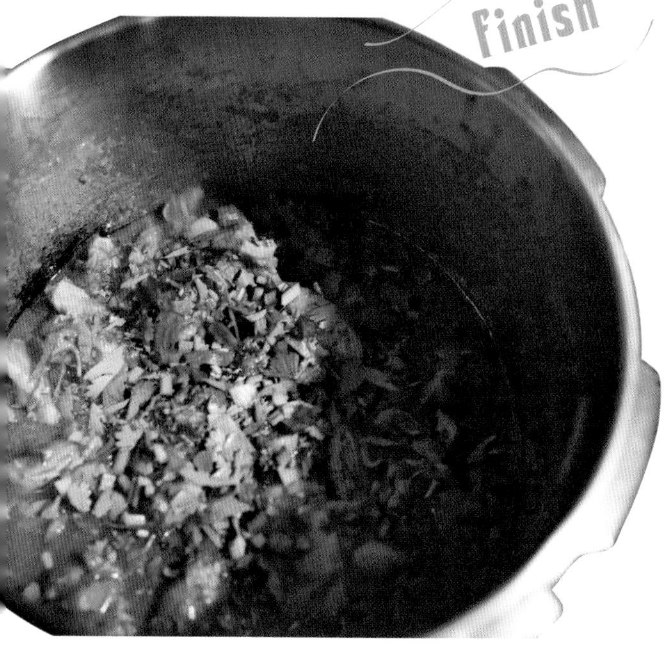

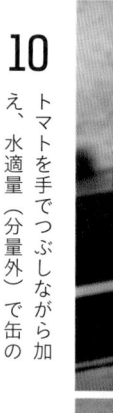

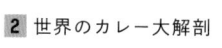

ネパールカレー②

アルチャナ

ネパールではポピュラーなひよこ豆とじゃがいものカレーで、食べ応え満点。仕上げにカスリメティを加えることで、食材とスパイスを絶妙にまとめ上げてくれます。

出来上がり量 900g

材料（4人分）

じゃがいも……大3個（400g）
チャナダル（黒ひよこ豆）……200g
玉ねぎ……3/4個（200g）
トマト缶（ホール）…1/2缶（200g）
しょうが（すりおろし）・にんにく（すりおろし）……各大さじ1/2

＊ホールスパイス
赤唐辛子（半分にちぎる）…1本分
クミンシード・フェヌグリーク……各ひとつまみ

パウダースパイス
クミンパウダー……大さじ1/2
コリアンダーパウダー……大さじ1/2
パプリカパウダー・ターメリックパウダー……各小さじ1

ハーブ
カスリメティ……ふたつまみ

塩……小さじ2
サラダ油……100mℓ

作り方

1 チャナダルは水に1日ほど浸して戻し、たっぷりの湯で40分ほどゆでる。

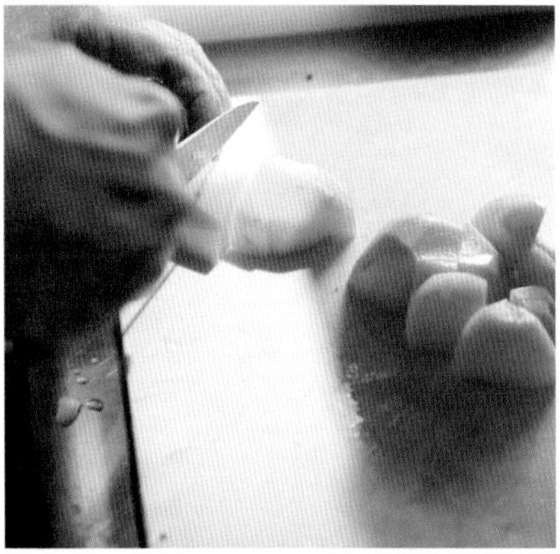

2 じゃがいもは一口大に切る。玉ねぎは粗みじん切りにする。

3 耐熱ボウルにじゃがいもを入れ、ラップをかけて600Wの電子レンジで6〜7分加熱する。

4 中華鍋にサラダ油を強火で熱し、ホールスパイスを入れて色がつくまで軽く炒める。

5 玉ねぎを加え、5分ほど炒める。

6 玉ねぎが軽く色づいてきたら、しょうが、にんにくを加えて炒め合わせる。

7 トマトを缶汁ごと加えて全体にからめる。

8 パウダースパイス、塩を加えて全体を混ぜ合わせる。

水野仁輔の考察

シンプルなスパイス使いで素材の味わいを引き立てる

ネパール料理の特徴は素材がシンプルなことです。特にスパイスについては、インド料理と比較すると種類も量もはるかに少ないアイテムで作られています。

チキンカレーは、きわめてオーソドックスな作り方。玉ねぎやにんにく、しょうがでベースを作り、スパイスの香り、トマトのうま味を加えてから肉を投入。ネパールでは、肉を早めに加えてメイラード反応させたり、にんにくを後半で加えてフレッシュさを立たせたりする方法もあります。

アルチャナは、チャナダルとじゃがいもをあらかじめ火入れしておくのがポイント。下準備が整っていれば、炒め物の要領で仕上げることができます。レストランスタイルでは家庭料理よりもスパイスの香りは強めに香らせます。

9 1のチャナダルを加えて混ぜ合わせる。

10 3のじゃがいもを加えて全体を炒め合わせる。

11 カスリメティを指でもみながら加え、塩適量（分量外）で味をととのえる。

Finish

器に盛り、お好みで香菜を添える。

ネパールカレー③

ダール（豆のスープ）

ネパールの家庭料理を代表する、最小限のスパイスで豆の味を生かしたカレースープで、ダルバートに欠かせません。ごはんにかけて食べるのが定番です。

出来上がり量 1200g

材料（4人分）

マスールダル（レンズ豆／ゆでてペースト状にしたもの）……800g
ジンブ……ひとつまみ
にんにく（みじん切り）……2かけ分
しょうが（すりおろし）……小さじ1/2
パウダースパイス
ターメリックパウダー・クミンパウダー……各小さじ1
水……適量
塩……大さじ1
サラダ油……大さじ1

Memo ジンブ

ネパールの標高4000mのところで育つネギ科の植物を乾燥させたもの。ダールの味つけや野菜、漬物、肉などの風味づけに使われる。

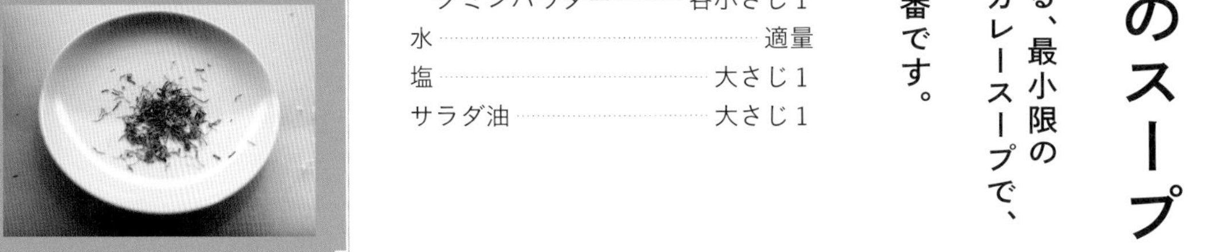

1

鍋にたっぷりの湯を沸かし、ダルを入れて40分ほどゆでる。

2

フライパンにサラダ油を弱火で熱し、にんにくを入れる。

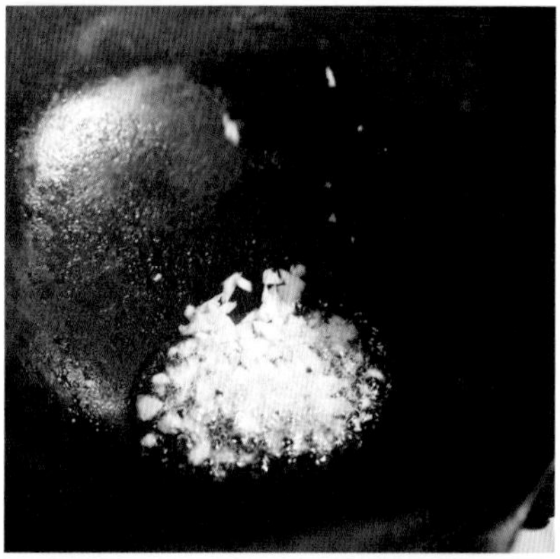

3

香りが立ったらジンブを加える。

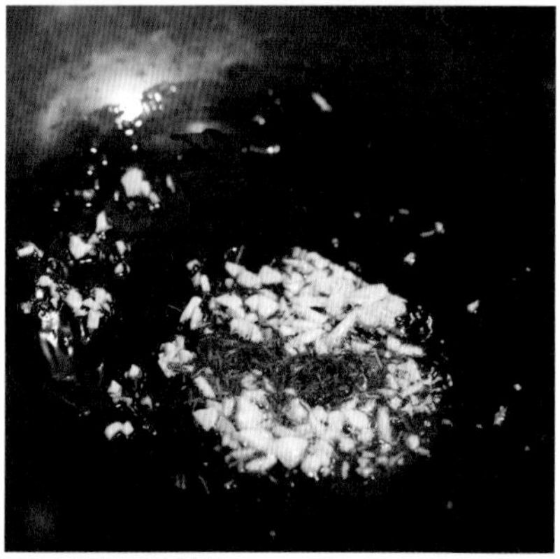

4

ダル、好みの分量の水を加えて混ぜ合わせる。

5

パウダースパイス、塩、しょうがを加える。

6

全体を混ぜ合わせながら煮立てたら、塩適量（分量外）で味をととのえる。

Finish

副菜

大根のアチャール

水分をしっかりと出した大根で、歯応えの心地よい副菜です。カレーよりも辛い味つけが、Soaltee Mode流。

材料（作りやすい分量）

- 大根……1本
- 塩……大さじ2
- ＊ホールスパイス
  - フェヌグリーク……ふたつまみ
  - 赤唐辛子……2～3本
- パウダースパイス
  - ターメリックパウダー・チリパウダー・クミンパウダー・コリアンダーパウダー……各小さじ1
- A
  - 白すりごま（軽く煎る）……25g
  - 塩……小さじ4～5
  - レモン果汁……適量
- サラダ油……100mℓ

作り方

1 大根は3cm長さ、1cm角の棒状に切る。塩でもんで一晩おく。

2 耐熱ボウルに水けを絞った1を入れ、パウダースパイスを加えて混ぜ合わせる。

3 鍋にサラダ油を強火で熱し、フェヌグリークを入れて軽く焦がしたら赤唐辛子を加える。

4 2に3を熱いうちにかけ、味をなじませる。Aを加えて和える。

5 器に盛り、香菜適量（分量外）を添える。

スリランカカレー解剖

スリランカ
民主社会主義共和国
【*Democratic Socialist Republic of Sri Lanka*】

首　都：コロンボ、スリジャヤワルダナプラコッテ

公用語：シンハラ語、タミル語

通　貨：スリランカ・ルピー

人　口：2218万人（2022年現在）

主な食：食事の中心はライス&カリー。ココナッツやスパイスを使ったスパイシーで風味豊かな料理がメイン。島国なので魚介もよく食す。

LANKA

素材の味に向き合ったスパイス料理

南インドの南東に隣接した島国スリランカ。熱帯地域に位置し、年間を通して高温多湿の気候が特徴です。水田稲作が中心で、米やココナッツ、茶などを栽培しています。海に囲まれているので、新鮮な魚介類もよく食します。調理法は、焼いたり、煮込んだり、揚げたりなど、素材を生かしたシンプルなものがほとんど。調味料は、主にカルダモン、クミン、コリアンダー、カレーリーフ、ターメリック、フェヌグリークなどのスパイスを使い、独特な香りのカレー粉も使います。

スリランカの食事の中心はライス&カリー。食材ごとにスパイスの配合やココナッツミルクの濃度を変えて作るカレー（肉、魚介、野菜）や数種類の惣菜をごはんを中心に盛りつけます。

カレーの特徴

南インドに隣接しているため、農産物や使用するスパイスが似ている。ココナッツオイルやココナッツミルクを使うこともあり、サラッとした軽いカレーを作る。1種類の具材をスパイスで煮込んで作られるのも特徴。

味のバリエーションがいろいろ楽しめる

スリランカカレーは、一般的に香りが強く、ローストしたカレー粉やココナッツミルクの使用により、独特な風味を持つカレーが楽しめます。素材を生かすためにスパイスの配合を変えているので、使用する主な食材やスパイスによって、様々な味のバリエーションが展開出来るのもスリランカカレーの特徴。チキンカレーやポークカレー、フィッシュカレー、野菜カレー、レンズ豆のカレーなど様々なので、一皿に2～3種類盛りつけるカレーの組み合わせによって、味わいは無限に広がります。また、かつお節に似たモルディブフィッシュをだしに使うなど、日本の食文化にも共通するところがあり、日本人の舌に合う味つけともいえるでしょう。

主食のこと

スリランカの主食は白米。細長く粘り気のない食感が特徴。米粉や小麦粉を使った主食もある。米粉を発酵させて作るパンケーキ（ホッパー）や米粉で作られた細い麺（ストリングホッパー）は朝食で食べることが多い。

よく使われるスパイスのこと

コリアンダー、クミン、フェンネル、カルダモン、フェヌグリーク、クローブ、ブラックペッパー、シナモン、カレーリーフ、パンダンリーフなどを配合して使用。スリランカでは、ミックススパイス（カレーパウダー）をトゥナパハと呼ぶ。

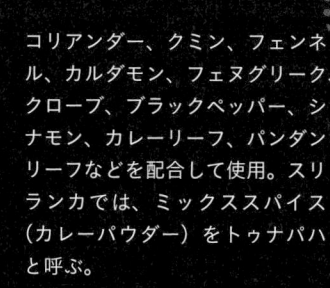

HOPPERSのライス&カレー

野菜のおかずとカレーを混ぜながら食べる定食スタイル

東京都墨田区にある「スパイスカフェ」の2号店で、シンプル&ミニマルかつ洗練された空間で食べる、今までにないモダンスリランカレストラン「HOPPERS」。テーマはハレの日のスリランカ料理で、ランチはスリランカ料理において定食を意味するライス&カリー。体にやさしい野菜たっぷりの家庭料理を提供している。今回は定食「ライス&カレー」を構成する代表的なカリー3種と野菜の惣菜テルダーラを伊藤さんとラサンタシェフに教わる。

レシピ&お話をうかがったのは……

HOPPERS
伊藤一城《いとうかずしろ》さん
マヘシュ・ラサンタさん

伊藤さんは食をテーマに世界を一周。３年半で48カ国を巡る。あらゆる料理との出合いの中でスパイスに興味を持ち、自分の店を持つことを決意。ラサンタさんはスリランカ人で、HOPPERSのシェフ。料理教室も開催。

スリランカカレー①

チキンカレー

年間通して暑いスリランカは、他の国のカレーと比べて辛い傾向にあります。食べた瞬間からパンチのある辛味があり、食べ終えたあとにはスーッと汗が引くようなスパイスの効果を感じられます。

材料（4〜5人分）

鶏もも肉……2枚（800g）
A 塩……20g
ローストカレーパウダー（→P98）……大さじ1
ブラックペッパーパウダー……大さじ1/2
チリパウダー……大さじ1/2
玉ねぎ（みじん切り）……大さじ3
しょうが（みじん切り）……大さじ1
にんにく（みじん切り）……大さじ1
グリーンチリ（斜め切り）……3本分
ゴラカ（コーカム）……5粒

＊ホールスパイス
グリーンカルダモン……1g
クローブ……0.6g
シナモンスティック……1本

パウダースパイス
チリパウダー……大さじ1/2
ローストカレーパウダー（→P98）……大さじ1
ブラックペッパーパウダー……大さじ1/2

ハーブ
カレーリーフ……2g
パンダンリーフ（ざく切り）……3g

塩……小さじ1
ココナッツオイル……40g

作り方

1 鶏肉は大きめの一口大に切ってボウルに入れ、**A**をもみ込んで20分ほどおき、下味をつける。

2 カルダモン、クローブを乳鉢に入れ、乳棒を使って押しつぶす。

3 鍋にココナッツオイルを入れて強火で熱する。

4 **2**に**3**を入れて炒め、香りが出てきたら、シナモンスティックを入れて炒める。

5 さらに香りが出てきたら、カレーリーフ、パンダンリーフを入れてさっと油を回すように炒める。

6 玉ねぎを加え、茶色くなるまで強めの弱火でゆっくり炒めて香りを出す。

7 ゴラカ、しょうが、にんにくを加えて炒める。

8 チリパウダーを加えてパラパラになるように炒める。

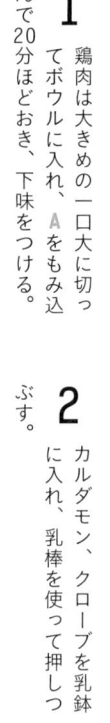

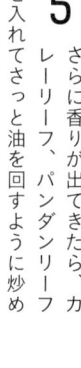

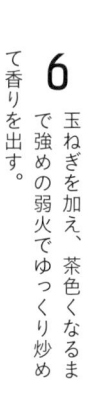

9 グリーンチリを加えてさらに炒める。

10 **1**の鶏肉を**9**に加え、混ぜるように炒める。

11 塩をまんべんなくふりかけ、ローストカレーパウダーを加えて混ぜる。

12 ブラックペッパーパウダーをふりかけ、水200㎖（分量外）を回し入れる。

13 蓋をして弱めの中火で4～5分煮て、途中でかき混ぜる。

14 蓋を開け、火を強め、かき混ぜながら水分を飛ばして煮詰める。

Finish

Memo 独特の酸味と薫製香が特徴の「ゴラカ」

スリランカ料理でよく使われるゴラカは、肉や魚料理の臭み消しや酸味を加えるスパイス的な食材です。乾燥した状態なので、通常は水に浸してやわらかくしてから使いますが、カレーを作る場合は、そのまま鍋に入れて煮込みます。スモーキーな独特の香りも大きな特徴です。

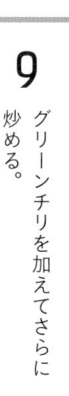

スリランカカレー②

うま味たっぷりえびカレー

ココナッツの甘いベースには、グリーンチリで辛味をつけて。現地では殻つきのままえびを入れて、だしを余すことなくとるそう。えびのうま味がやみつきになるカレーです。

出来上がり量 345g

材料（2～3人分）

無頭ブラックタイガー 16～20尾
玉ねぎ（みじん切り）……大さじ3
グリーンチリ（斜め切り）…3本分
GGペースト（＊）……小さじ1
トマト（角切り）……大さじ3
えびの殻のスープストック（＊）……150～160mℓ
ココナッツミルク……200mℓ
✱ホールスパイス
フェヌグリーク……小さじ1
シナモンスティック……1本
パウダースパイス
ターメリックパウダー……小さじ1
カレーパウダー（→P98）……小さじ1
ハーブ
カレーリーフ……2g
パンダンリーフ（ざく切り）……3g
塩……小さじ1
ココナッツオイル……大さじ3

How To Make

＊えびの殻のスープストックの材料作り方

1 フライパンにえびの殻全量を入れ、白くなるまで中火で乾煎りする。
2 えびの殻がひたひたになるくらいの湯を加えて煮立たせ、弱火で10分ほど煮る。
3 ザルでこす。

＊しょうが、にんにくを同量の割合でペーストにしたもの。

作り方

1 えびは殻をむき、背ワタを取る。殻はスープストックに利用する（→P96）。

2 フライパンにココナッツオイルを入れて中火で熱する。

3 フェヌグリークを加えて弱火でじっくり炒め、シナモンスティックを入れて香りを出す。

4 玉ねぎを加えてじっくり炒める。

5 玉ねぎがほんのり色づいてきたら、カレーリーフ、パンダンリーフ、グリーンチリを入れて極弱火で炒める。

6 GGペーストを加え、全体に混ぜ合わせながら炒める。ココナッツベースには香りを前面に出さないようにすりおろしを使うのがコツ。

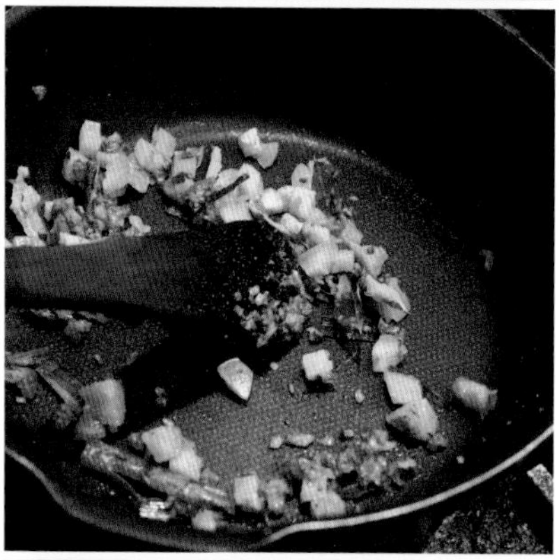

7 ターメリックパウダー、トマトを加えて全体を炒める。きれいな色を出すために、先にトマトを入れておく。

8 ノンローストカレーパウダーを加えて軽く炒める。トマトの水分でカレーパウダーが焦げないようにする。

9
えびの殻のスープストックと塩を加え、少し強火にしてひと煮立ちさせる。

10
えびを加え、上下を返しながらさっと火を通していく。

11
えびの色が変わったら、ココナッツミルクを回し入れ、強火にして混ぜながら2分ほど煮る。

水野仁輔の考察

風味豊かなスパイスや素材 複雑な調理プロセスは要らない

スリランカ料理では他の国では見ないスリランカ料理ならではの素材が活躍します。その代表格といえるのが、ローストカレーパウダー。

複数種類のホールスパイスを個別に煙が上がるまでしっかり焙煎し、ブレンドしてミルで挽く。茶褐色のカレー粉が生まれます。このローステッドかつスモーキーな香りがスリランカ料理のひとつの特徴。

チキンカレーでは、このカレー粉に加えてスタータースパイス（はじめに油で炒め、香りを引き出すためのスパイス）として、カレーリーフやパンダンリーフ、シナモンスティックなどを炒めます。スリランカ風味を印象付けるアイテムです。

えびカレーは殻でスープストックをとるレストランスタイル。ココナッツオイルやココナッツミルクの甘い香りがしっかり入るのもこの料理の個性を強めています。

Memo 2種類のカレーパウダーを使い分ける

ローストカレーパウダー

コリアンダーシード‥100g　グリーンカルダモン‥‥5粒
クミンシード‥‥‥‥‥50g　クローブ‥‥‥‥‥‥7〜8粒
フェンネルシード‥‥20g　カレーリーフ‥‥‥‥‥2枝
シナモンスティック‥‥3cm

フライパンにすべて入れ、弱めの中火でしっかりと焙煎し、粗熱がとれたらミルに入れ、パウダー状にする。

カレーパウダー

コリアンダーシード‥50g　フェヌグリーク‥‥‥‥10g
クミンシード‥‥‥‥‥25g　ターメリックパウダー‥‥‥‥‥‥5g
フェンネルシード‥‥10g

フライパンにすべて入れ、弱火で軽く乾煎りし、粗熱がとれたらミルに入れ、パウダー状にする。

スリランカカレー③
パリップ（レンズ豆のカレー）

スリランカでは毎日のように食べられている代表的なカレーです。家庭によっていろいろな作り方があり、ココナッツミルクが入ったり、モルディブフィッシュ（かつお節に似たもの）が入ったりします。

材料（4～5人分）

マスールダル（レンズ豆）……400g
玉ねぎ……1/2個
にんにく……5かけ
グリーンチリ……1本
ココナッツミルク……250mℓ
＊ホールスパイス
　レッドチリ……1本
パウダースパイス
　ターメリックパウダー……1g
ハーブ
　カレーリーフ……2g
　パンダンリーフ（ざく切り）……3g
水……200mℓ
塩……10g
サラダ油……50mℓ

作り方

1 マスールダルは水を替えながら2回ほど洗う。玉ねぎはみじん切り、にんにく、グリーンチリは粗みじん切りにする。
2 鍋にマスールダル、パウダースパイス、グリーンチリ、分量の水を入れて中火にかけ、やわらかくなるまで煮る。崩れるくらいが100%だとしたら、75%ほどまでが目安。
3 火を止め、ココナッツミルク、塩を加えて混ぜる。
4 フライパンにサラダ油、玉ねぎ、にんにく、レッドチリ、ハーブを入れて強火にかけ、ゴールデンブラウン色（金色がかった茶色）まで炒める。
5 3に4を加えて混ぜ、塩適量（分量外）で味をととのえる。

副菜①
インゲンテルダーラ

テルダーラとは油炒めの意味。少しのスパイスとハーブで、インゲンにさっと香りづけして。

材料（4～5人分）

- モロッコインゲン……400g
- 紫玉ねぎ……1/4個
- にんにく……4かけ
- ＊ホールスパイス
  - レッドチリ……0.5g
  - ブラウンマスタードシード……1.5g
- パウダースパイス
  - ターメリックパウダー……0.25g
- ハーブ
  - カレーリーフ……2g
  - パンダンリーフ（ざく切り）……3g
- サラダ油……30mℓ
- 塩……適量

作り方

1. モロッコインゲンは3cm長さの斜め切りにする。紫玉ねぎは薄切りにし、にんにくはみじん切りにする。レッドチリはフードプロセッサーで粗みじん切りにする。
2. ボウルにモロッコインゲン、塩小さじ1/2、パウダースパイス、レッドチリを入れて和える。
3. 鍋にサラダ油を弱火で熱し、ブラウンマスタードシードを入れ、パチパチと弾けるまで加熱する。
4. ハーブ、紫玉ねぎ、にんにくを加え、ゴールデンブラウン色になるまで炒める。
5. 2を加え、素早く炒め合わせたら、塩適量で味をととのえる。

副菜②
なすテルダーラ

しんなりとするまで炒めたなすに、だしがしみ込んで滋味深い味わいに加え、スパイスのパンチが後を引きます。

材料（4～5人分）

なす……400g
玉ねぎ……1/2個
にんにく……6かけ
トマト……1個
A 厚削りかつお節……18g
　煮干し……20g
＊ホールスパイス
　クミンシード……3g
パウダースパイス
　チリパウダー……1g
　ターメリックパウダー……0.25g
ハーブ
　パンダンリーフ（ざく切り）……3g
　カレーリーフ……2g
塩……適量
サラダ油……40mℓ

作り方

1 なすは縦半分に切り、斜めに切る。玉ねぎとにんにくは薄切りにする。トマトはざく切りにする。Aはフードプロセッサーで粗みじん切りにする。
2 ボウルになす、塩小さじ1/2、パウダースパイスを入れて和える。
3 鍋にサラダ油を弱火で熱し、ホールスパイスを入れ、シュワシュワとしてくるまで加熱する。
4 ハーブ、玉ねぎ、にんにくを加え、ゴールデンブラウン色になるまで炒める。
5 なす、トマト、Aを加え、蓋をして弱火で2～3分加熱し、蓋を開けて一度混ぜたら、再度蓋をして2～3分加熱する。なすがやわらかくなるまでこれを繰り返す。
6 塩適量で味をととのえる。

タイカレー解剖

タイ王国
【*Kingdom of Thailand*】

首　都：	バンコク
公用語：	タイ語
通　貨：	バーツ
人　口：	6609万人（2022年現在）
主な食：	北部はマイルドな味の料理が多く、カオソーイなどがある。海に接する南部は魚介類やフルーツ、スパイスを使う料理が多い。

カレーの特徴

北部チェンマイのマイルドなゲーンハンレー、中央部バンコクのグリーンカレーやレッドカレー、南部プーケットのマッサマンカレー、東北部イサーンの淡水魚を使ったカレーなどが代表的。

よく使われるスパイスのこと

レモングラス、バイマックルー（こぶみかんの葉）、カー（しょうが）、パクチー、バイホラパー（バジル）などのハーブやスパイスを使うのが特徴。それぞれのハーブが持つ香りと味わいが魅力。

LAND

生のスパイスをつぶしたフレッシュな香り。甘、辛、酸の際立ったスパイスを使う

タイは熱帯気候で、年間平均気温は28℃前後で安定していて、雨季もありますが、年間を通して暑い国です。南北に細長いタイは、地域によって食べられている食材や料理が変わります。

タイカレーというと辛いイメージがありますが、北に位置するチエンマイで食べられるのは豚肉の角煮のような「ゲーンハンレー」。タイ北部では、中国の食文化や山岳民族独自の食文化の影響を受けていることもあり、マイルドで辛くない料理もあります。

一般的に知られるグリーンカレーは、タイ中央部で食べられる料理で「甘み」「酸味」「辛味」「塩味」が一つの料理の中に盛り込まれています。レモングラスやこぶみかんの葉などのハーブなどを多用して作られます。

THAI

タイの主食は米と麺

タイは平地が多く稲作が盛んで、お米が主食です。北部や東北部では、もち米も多く食べられます。お米は長粒米のタイ米が一般的。お米は「カオ」、もち米は「カオニャオ」と呼ばれます。カレーと一緒に食べられるほか、鶏肉の炊き込みごはん「カオマンガイ」や、肉と野菜をバジルと一緒に炒めてごはんにかける「ガパオライス」、細かく刻んだ生野菜やハーブ、スパイスを使ったライスサラダ「カオヤム」が人気のお米料理です。また、米や小麦の麺も主食でスープ麺、焼きそばなどで食べられます。中でもクイッティアオ（米麺スープ）やバミー（卵麺）は中国由来の麺料理がベースです。パッタイもその起源に中国式の炒め麺の影響が見られます。

主食のこと

北部や東北部ではもち米も食べられる。タイ全域ではタイ米で炊いたごはんが主食。また、お米から作られたライスヌードルや小麦の麺も食べられる。

フレッシュハーブとスパイス、発酵調味料で作る独自の味わい

タイ料理の特徴として挙げられるのがフレッシュハーブ。レモングラス、バイマックルー（こぶみかんの葉）、バイホラパー（バジル）などが挙げられます。これらのハーブに、ココナッツミルク、唐辛子、ナンプラー、パームシュガーなどで味つけをしたものをゲーンといい、このハーブの調合によって「グリーンカレー」「レッドカレー」などの呼び名が変わります。また、欠かせないのが発酵調味料。北部と東北部の料理には様々な淡水魚で作られる「プラーラー」。日本のへしこのような風味と味わいがあります。中部地方は、えびを発酵させたペースト状の「カピ」と魚醤の「ナンプラー」。タイ料理に独特のうま味と風味をつけるので欠かせません。

CHOMPOOのタイカレー

フレッシュハーブと発酵調味料 ココナッツミルクが織りなす独自のカレー文化

渋谷にあるタイレストラン「CHOMPOO」。森枝シェフの「タイ料理を日本でアップデート」という思いから、郷土料理をベースにローカルフードの枠を超えた料理が堪能できる。スパイスやハーブの香りが豊かで、酸味・辛味・甘み・塩味などの味の幅広さが特徴的。またシェフ独自のつながりある生産者から仕入れた多種多様な食材を、絶妙なバランス感覚でこれまでにないタイ料理へと昇華させてくれる。今回は、本格的なタイカレーと副菜を教わる。

レシピ&お話をうかがったのは……

CHOMPOO
森枝《もりえだ》 幹《かん》さん

オーストラリア・シドニー「Tetsuya's」などで修業を積み、2019年に「CHOMPOO」をオープン。東京の飲食業界をけん引し、メディアにも注目される若手料理人。

タイカレー①

グリーンカレー

ココナッツベースの甘さに、青唐辛子の辛味のパンチがきいたクセになること間違いなしの、タイの定番カレーです。

出来上がり量 618g

材料（3～4人分）

えび（殻をむき、背ワタを取り除く）……3～4尾
ズッキーニ……1/2本
青唐辛子（あればプリッキーヌ）……6本
ピーマン（大）……10個
ココナッツミルク……1缶（400g）
クラチャイ（黒しょうが／あれば）……小1個
パクチーの根……3本
カー（しょうが）……中1個（20g）
にんにく（みじん切り）……大さじ1/2
紫玉ねぎ……1/2個
カピ……大さじ1
パームシュガー……大さじ1
＊ホールスパイス
クミンシード……小さじ1
コリアンダーシード……小さじ1
ホワイトペッパー……小さじ1
ハーブ
バイマックルー（こぶみかんの葉）……23枚
バイホラパー（バジル）……20枚
レモングラス……5本
塩……小さじ1/2
ナンプラー……大さじ1
サラダ油……大さじ3

作り方

1 鍋を弱めの中火で熱し、クミンシード、コリアンダーシードを入れて焦がさないように乾煎りする。

2 すり鉢に**1**を入れ、ホワイトペッパーを加えてすりつぶして取り出しておく。

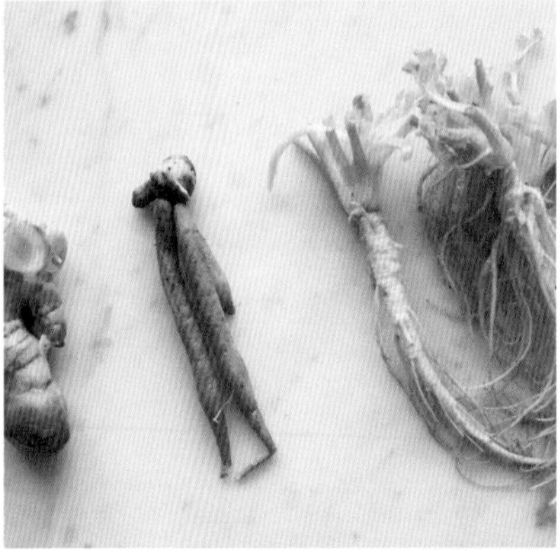

3 クラチャイ、パクチーの根、カーは粗みじん切りにし、紫玉ねぎは5㎜角に切る。ズッキーニは4～5㎝長さの棒状に切る。

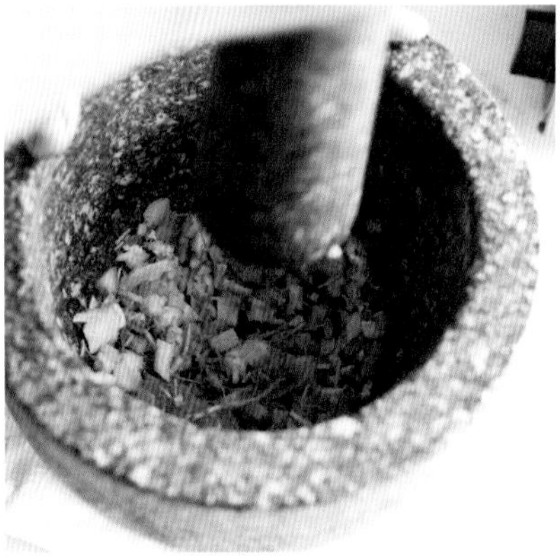

4 **3**のクラチャイ、カーを入れてすりこぎ棒で叩きながらすりつぶし、パクチーの根、塩を加えてさらにつぶす。

5 パクチーの根、にんにく、紫玉ねぎを順に加え、すりこぎ棒で叩きながらすりつぶす。

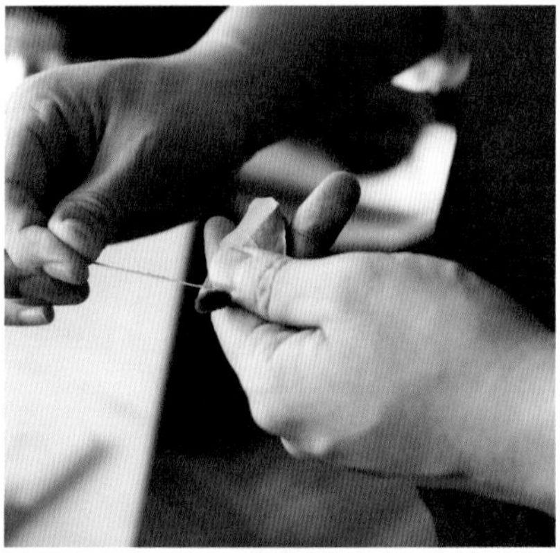

6 バイマックルー15枚は筋を取り、極みじん切りにする。バイホラパー10枚も極みじん切りにして**5**に加えてつぶす。

7 レモングラス3本は極みじん切りにする。青唐辛子は輪切りにして**6**に加え、さっと混ぜ合わせる。

8 **2**を2／3量加え、ペースト状になるまですりつぶす。

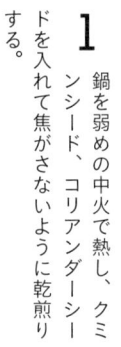

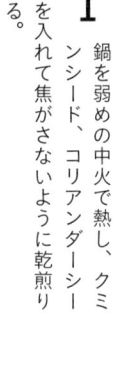

9 ピーマンのヘタを取り、種ごとざく切りにしてフードプロセッサーに入れ、ココナッツミルクの液状の部分を加え、撹拌する。
※ココナッツミルクは、冬場に固まっている場合はほぐして使う。

10 パームシュガーを加え、さらに撹拌する。

11 鍋に残りのココナッツミルク、カピを入れて強火で熱し、つぶしながらよく混ぜ合わせる。

12 **8**を大さじ3加えて炒め合わせ、サラダ油を加えてさらに混ぜ合わせていく。油が足りないときは、サラダ油適量（分量外）を加える。

13 **10**を少しずつ加えて溶かしながら混ぜ合わせる。
※味を見ながら、半量～全量を加えて好みの味にする。

14 ナンプラーを加え、えび、ズッキーニを加えて混ぜ合わせ、えびに火が通るまで3分ほど煮る。

15 バイマックルー8枚、バイホラパー10枚、極みじん切りにしたレモングラス2本分を加え、ひと煮立ちさせる。

Finish

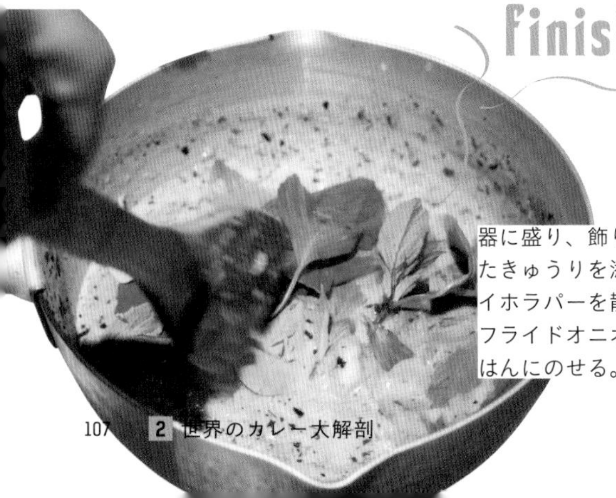

器に盛り、飾り切りしたきゅうりを添え、バイホラパーを散らし、フライドオニオンをごはんにのせる。

タイカレー②

ゲーンハンレー

日本の豚の角煮を彷彿とさせる、じっくりと煮込んだ豚肉とたっぷりのしょうがが特徴的な甘辛いカレーです。パクチーもよく合うので、お好みでトッピングを。

出来上がり量 662g

材料（3〜4人分）

豚バラブロック肉（皮つき）……800g
ハンレーパウダー
（なければカレーパウダー）……1袋
トマト缶（ホール）……400g
ピーナッツ（生）……300g
Aドライチリ（レッドチリ）……4g
水……30mℓ
にんにく……60g
パクチーの根……5本
レモングラス……3本
紫玉ねぎ……1/2個
カピ……大さじ2
カー（しょうが）……中1個（20g）
塩……5g
カティアムドン（にんにくの酢漬け／みじん切り）……20g
しょうが……40g
タマリンドウォーター
（タマリンド1個を水50mℓで戻し、軽くつぶす）……65mℓ
水……200mℓ
パームシュガー……大さじ1強
塩……ふたつかみ
グラニュー糖……大さじ4と1/2
シーユーダム（または濃口しょうゆ）……大さじ1
サラダ油……適量

下ごしらえ

Aの水にドライチリを入れて戻し、残りのAと合わせてミキサーなどでペースト状にしておく。

作り方

1 豚肉は大きめの一口大に切り、沸騰した湯に入れ、中火で1時間30分ほどゆでる。しょうがはせん切りにする。

2 別の鍋にたっぷりのサラダ油、カティアムドン、せん切りにしたしょうがを入れる。中火で油に香りを移すように、しょうががしんなりするまで炒める。

3 ペースト状にしたAを50g加えてなじませる。

4 香りが立ってきたら、1の豚肉を加えて全体を混ぜ合わせる。

5 ハンレーパウダーを加え、全体に混ぜ合わせる。

6 タマリンドウォーター、分量の水を加える。

7 パームシュガーを加える。

8 塩、グラニュー糖、シーユーダムを加えてからめる。

9 トマトを缶汁ごと加え、水適量（分量外）で缶の中を洗うようにしてすべて加える。蓋はせずに、弱火で2時間ほど煮込む。

10 ピーナッツは水からゆでこぼす。ぷくっとなるまでゆで、ひと煮立ちして色が抜けてきたら、湯をきる。

11 **9**に**10**を加えてひと煮立ちさせて仕上げる。

水野仁輔の考察

おいしさは発酵調味料と砂糖 香りの素はフレッシュスパイス

タイ料理に欠かせない調理器具にクロック・ヒン（石臼）があります。生のスパイスをはじめ、様々な素材を叩きつぶすことで、他では生まれない爽快感のある香りに出会えます。こうしてできるペーストが中核にある、世界的にも類まれな料理だといえます。

グリーンカレーは青唐辛子の辛味と色みが特徴。カーやレモングラスなどの香りも欠かせません。

ハンレーカレーは、ちょっと変わり種でハンレーパウダーと呼ばれるドライなパウダースパイスのミックスが使われています。

いずれの料理もカピやナンプラー、しょうゆなどの発酵調味料とパームシュガーなどの砂糖がおいしさのカギを握っています。香りと味の役割分担が明確な料理といえます。

Memo ハンレーパウダー

ハンレーカレーを作るときに使うミックススパイス。辛味と酸味のバランスがよい。カレーパウダーに似ているが、少し風味にクセがある。種類や配合は様々だが、スパイスやハーブ以外にエシャロット、ココナッツ、タマリンドなどの食材がブレンドされている。

Finish

器に盛り、せん切りにしたしょうが、ざく切りにしたパクチーを散らす。

タイカレー③

クワクリン

タイ南部の料理は、フレッシュハーブや唐辛子をたくさん使っているのがポイント。生野菜を添えて一緒に食べるのがおすすめです。

材料（4～5人分）

鶏ひき肉（親鶏）……100g
カピ……2.5g
にんにく……2g
Aカレーパウダー（ポンカリー）……1g
シーユーカオ（または薄口しょうゆ）……3g
グラニュー糖……0.5g
＊ホールスパイス
ドライチリ（レッドチリ）……1.5g
パウダースパイス
ターメリックパウダー……1.3g
ハーブ
レモングラス……7g
バイマックルー（こぶみかんの葉）……1.5g
香菜（パクチータイ）……適量
サラダ油……10mℓ
ゆで卵・きゅうり・にんじん・ライム……各適量

作り方

1 レモングラス、バイマックルー、にんにくは細かく刻む。
2 中華鍋にサラダ油を中火で熱し、カピを香りが出るまで炒める。にんにく、ひき肉の順に加えて火を通す。
3 A、ターメリックパウダーを加えて炒める。
4 レモングラス、バイマックルー、ドライチリを加えて軽く炒める。
5 器にごはん、4を盛り、ゆで卵、きゅうり、にんじん、ライム、香菜などを添える。

副菜①
クラトントーン

ココナッツミルクと米粉を使い、サクサクに揚げた薄焼きのシェルが美味。

材料（4～5人分）

＊シェル
- A 卵液……50g
  - ココナッツミルク……200mℓ
  - ライムウォーター……100mℓ
- B 米粉……264g
  - 小麦粉……84g
  - 片栗粉……48g
  - グラニュー糖……10g
  - 塩・黒いりごま……各4g
- 揚げ油……適量

＊保存する際は、密閉されたケースに乾燥剤などを入れて湿気に注意する。

餡
- 鶏ひき肉……200g
- 玉ねぎ（みじん切り）……180g
- C カレーパウダー……2g
  - ターメリックパウダー……0.5g
- D グラニュー糖……50g
  - シーユーカオ（または薄口しょうゆ）……8g
  - 塩……6g
  - ホワイトペッパーパウダー……1g
- サラダ油……20g
- さやいんげん・食用菊……各適量

作り方

1 ボウルにAを入れて混ぜ合わせ、Bを加えてダマができないように混ぜ合わせたら、冷蔵庫に半日ほどおく。

2 鍋に揚げ油を入れて180℃に熱し、専用の型を入れて熱する。型の外側に1をつけたらすぐに鍋に型ごと戻し入れ、30秒ほど揚げる。型から外したら、生地の水分がなくなるまで5分ほど揚げる。

3 フライパンにサラダ油、玉ねぎを入れて、中火で色が変わるまで炒める。

4 ひき肉を加え、脂が出てくるまで弱火でじっくり炒める。

5 Cを加えて粉っぽさがなくなったら、Dを加えて炒め合わせる。

6 油をしっかりときった2のシェルに5の餡を入れ、さやいんげん、食用菊を添える。

副菜② カオヤム

季節によって中に入れる食材を変化させることで一年中楽しんで食べられるカオヤム。よく混ぜて食べるのがポイントです。

材料（1人分）

- ジャスミンライス……130g
- バタフライピー液（*）……130〜140mℓ
- サーモン……20g
- 紫玉ねぎ・きゅうり・もやし・セロリ・さやいんげん・パイナップル……各12g
- にんじん・いくら……各10g
- みょうが（小口切り）……8g
- A ココナッツロング・干しえび・ナッツ……各適量
- B ライム（薄切り）・食用菊・プリッキーヌ（青唐辛子）・錦ごま……各適量

ハーブ

- 香菜（パクチータイ）・レモングラス・バイマックルー（こぶみかんの葉）……各2g
- プララー……適量

作り方

1 炊飯器の内釜に洗ったジャスミンライスを入れ、分量のバタフライピー液を入れ、普通モードで炊く。

2 野菜や果物、ハーブは細かく刻み、サーモンは5mm角に切る。Aは煎って砕く。

3 器の真ん中に1を盛り、いくらをのせ、周りに2、B、ハーブを並べて盛りつけ、プララーを添える。

How To Make

＊バタフライピー液の材料と作り方

鍋に水1ℓ、バタフライピー10gを入れて10分煮出し、茶こしでこす。

オリジナルカレー解剖

JAPAN

日本
【*Japan*】

首　都：	東京都
公用語：	日本語
通　貨：	円
人　口：	1億2263万人（2024年現在）
主な食：	ごはんを主食として、主菜、副菜、汁物をそろえる一汁三菜を代表とするバランスのとれた食事。カレーライスや寿司もよく好まれる。

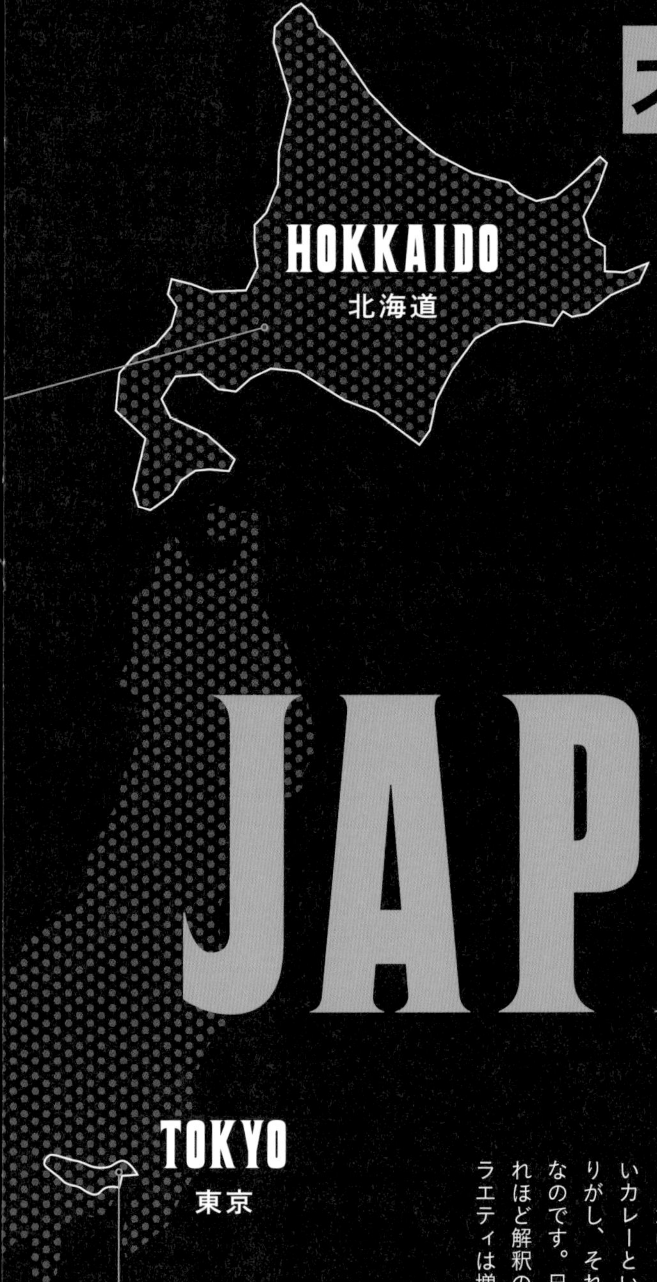

日本で独自に生まれ育ったカレーには、正解も不正解もない

インドで生まれ、イギリス経由で約150年前に日本に伝わったカレー。白米を主食とする日本においてカレーライスは独自の進化を遂げ、カレールウが発明されると日本中にカレーが広まり、国民食と呼ばれるようになりました。最近では、スパイスを組み合わせて作る「スパイスカレー」も人気となっています。

実は、日本のカレーのほとんどは「オリジナルカレー」。裏を返せば、インドにもスリランカにもネパールにもタイにもどこにもないカレーということ。一定量のスパイスの香りがし、それがおいしければ、すべてカレーなのです。日本におけるカレーの定義は、それほど解釈の幅が広い。だから、カレーのバラエティは増える一方なのです。

日本一、層の厚いカレー文化

創業30年を超えるカレー専門店が無数にある一方、新規店も続々。複雑で気の遠くなるほどの仕込みや調理を経て完成するオリジナルカレーや、インドを含む周辺諸国の味を再現し、アレンジしたカレーを生み出す技術力の高さは、東京がトップ。

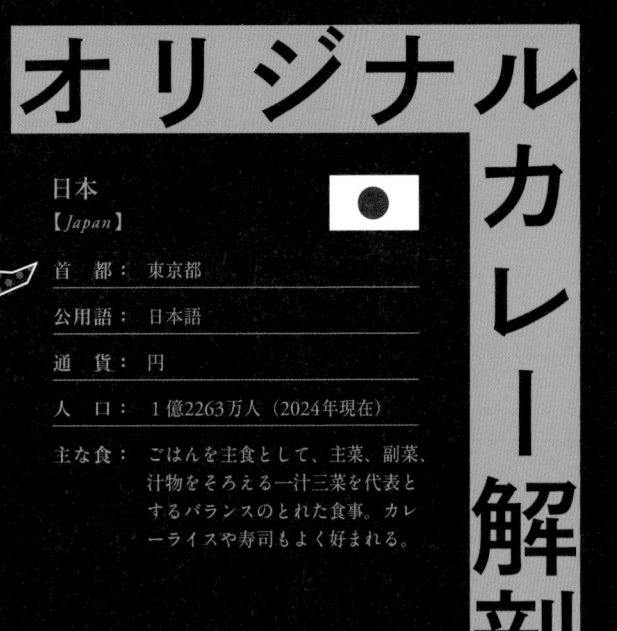

ルールも定義もない。それが日本のオリジナルカレー

日本のカレーには、世界各国のカレーや料理を参考にしたものが多くあります。インドカレーやタイカレーをアレンジし、カレーではない様々な料理の要素をうまく使って自分の好みの味を作り出す。長年、日本全国でその行為が繰り返された結果、次々とオリジナルカレーが生み出されました。ルールに縛られない分、自由に発想できる。

たとえば、インド料理はあまりスープを取ったり、発酵調味料や酒を使ったりしません。フランス料理は砂糖、東南アジアは乳製品をあまり使いません。日本料理では油をあまり多用しません。でも、日本のカレーでは、おいしくするためにすべて活用されるのです。なぜなら、ルールも定義もないのですから。

個性あふれるカレーとして成立した唯一無二のオリジナルカレーの世界

次のページから紹介しているオリジナルカレーの分野で選出させていただいたお店は、その代表です。各シェフのルーツや参照している料理にはそれぞれ違いがありますが、共通項があります。それは、おいしいカレーであることはもちろん、たとえそのカレーにルーツやヒントを得た元の料理があったとしても、すでにシェフのオリジナリティが存分に加えられ、どこにもないそのシェフの味として進化しているということ。何かの模倣《もほう》で終わるのでなく、かといって根拠もなく、やみくもに独自性を追求するのでもなく、ひとつの個性あふれるカレーとして成立している世界。それがジャパニーズオリジナルカレーの世界だと思っています。

圧倒的な個性のスープカレー

全国のご当地カレーの中でダントツの完成度を誇るスープカレー。さらっとしたスープにゴロゴロとした具、トッピングの豊富さや辛さの段階を選べる。スパイスの香りとスープのうま味のいいとこ取りで、唯一無二のスタイル。

独創的なスパイスカレー

ルールなし、自由な発想から生まれるカレーが特徴。カレーにあまり使われなかったタイプのだしカレーもユニーク。また、素材を引き立てるためというより、スパイスそのものを食べる行為を尊重しているカレーが多い印象。

OSAKA
大阪

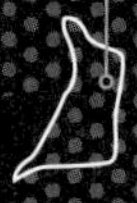

ORIGINAL

オリジナルカレー①

curry shop fennelのドライカレー

本格インドカレーでありながら、〝ごはんに合うカレー〟がコンセプト

西荻窪にある「curry shop fennel」。本格的なインドカレーと、日本のカレーライスを組み合わせた絶妙なバランスが特徴的で、南インドの辛さと酸味を、日本のお米に合うようにアレンジされている。カレーは常時3種類＋日替わりが用意されており、特にお肉の3倍量の野菜を使ったドライカレーは、店主が開発したとっておきのカレーだ。今回は、fennelのオリジナルカレーの代表格ドライカレーと骨つきチキンカレーを教わる。

レシピ&お話をうかがったのは……

curry shop fennel
加来翔太郎《かくしょうたろう》さん

学生時代にカレーに目覚め、インド・ケララ州のホテルで半年間の修業を経て帰国。名店「桃の実」の2号店を任され、独立前からカレー業界には名を轟かせていた実力派。

出来上がり量 820g

材料（4人分）

合いびき肉（牛7：豚3）……500g
GGペースト（*）……15g
玉ねぎ……500g
にんじん……200g
セロリ……70g
しょうが……30g
青唐辛子……7g
トマト缶（ホール）……500g

*スターターのホールスパイス
クローブ……15粒

パウダースパイス
ターメリックパウダー……2g
コリアンダーパウダー……15g
クミンパウダー……7g
チリペッパーパウダー・
ブラックペッパーパウダー・
クローブパウダー・
ローストスパイス（下記参照）
パウダー……各3g

ローストスパイス
クミンシード・フェンネルシード・
コリアンダーシード
……各大さじ8
赤唐辛子……12本
ブラックペッパー……大さじ4

仕上げのスパイス
グリーンカルダモンパウダー
……3g
細びきブラックペッパー……2g
水……100mℓ
塩……10g
米油……40mℓ

*しょうが、にんにくを同量の割合でなるべく水を加えずミキサーでペーストにしたもの。

作り方

1 ローストスパイスパウダーを作る。フライパンにローストスパイスの材料を入れ、クミンシードが軽く色づくまで乾煎りする。冷めたらミルでパウダーにする。

2 玉ねぎ、にんじん、セロリ、しょうが、青唐辛子はみじん切りにする。トマトは缶汁ごとミキサーで撹拌してジュース状にする。

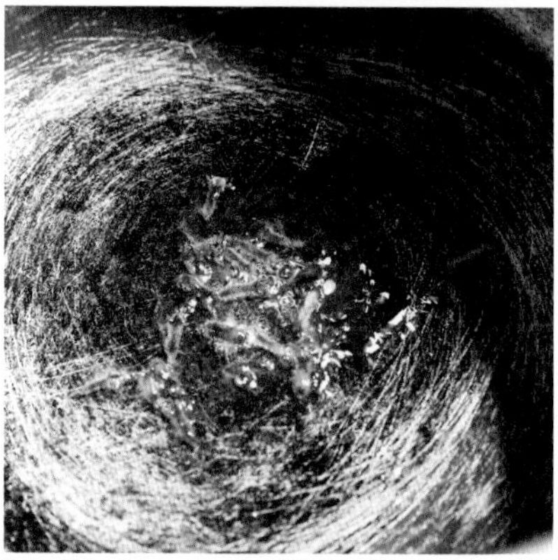

3 鍋に米油を強火で熱し、スターターのホールスパイス（はじめに油で炒め、香りを引き出すためのスパイス）を入れる。

4 クローブがぷくっとふくらみはじめたら、**2**、塩を加えて10分ほど炒める。

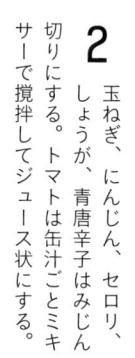

5

ひき肉を加え、脂が浮いてくるまで5分ほど、ほぐしながら炒める。

6

GGペースト、パウダースパイスを加え、粉っぽさがなくなるまで炒め合わせる。

7

2でジュース状にしたトマト、分量の水を加える。このとき、ミキサーに残ったトマトを、分量の水で洗うようにして加える。

8

蓋をして、180℃のオーブンで90分ほど加熱する。

9

オーブンからときどき取り出してかき混ぜる。

10

コンロに移して中火にかけ、余分な水分を飛ばし、仕上げのスパイスを加えて混ぜ合わせる。

器にごはんを平たく盛り、その上にカレーをのばすようにしてのせ、お好みで半熟卵、角切りにしたトマト、ざく切りにした香菜をのせ、粗びきブラックペッパーをふる。

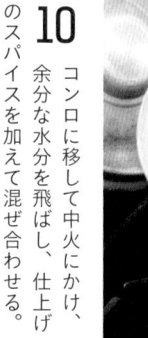

オリジナルカレー②

骨つきチキンカレー

丸鶏を使っているから、うま味はいわずもがな。水分が多めのカレーで、ごはんとの相性は抜群です。肉の部位によって加熱を調節するのがポイント。

出来上がり量 1980g

材料（4人分）

丸鶏……1羽（約1kg）
A 塩……10g
　チリペッパーパウダー・
　　細びきブラックペッパー……各5g
　GGペースト（→P117）……30g
にんにく……1かけ
玉ねぎ……350g
GGペースト（→P117）……15g
プレーンヨーグルト（無糖）……50g
トマト缶（ホール）……150g
ココナッツミルク……150g

＊スターターのホールスパイス
　クローブ……15粒
　カシア（シナモン10cm）……2本
　赤唐辛子……5本
パウダースパイス
　コリアンダーパウダー……20g
　パプリカパウダー……10g
　チリペッパーパウダー・
　　細びきブラックペッパー……各5g
　ターメリックパウダー……3g
ハーブ
　ベイリーフ（シナモンリーフ）……5〜6枚
　タラゴンチップ……適量

＊マサラ（ミックススパイス）用ホールスパイス
B クローブ……4粒
　グリーンカルダモン……3粒
　カシア（シナモン）……3cm
C コリアンダーシード……5g
　フェンネルシード・
　　クミンシード……各2g
　赤唐辛子……5本
ココナッツファイン……15g
水……1000mℓ
塩……12g
米油……40mℓ

作り方

1 丸鶏はもも、むね、手羽、胴に切り分け、内臓は取り除いてAをもみ込み、1時間以上おく。玉ねぎ、にんにくはみじん切りにする。

2 フライパンに米油少々（分量外）を中火で熱し、マサラ用ホールスパイスのBを入れて炒める。香りが出てきたらCを加える。

3 香りが出てきたらココナッツファインを加え、軽く色づくまで炒める。

4 バットなどに広げて粗熱をとり、水100㎖（分量外）を加えてミキサーで撹拌してペースト状にして、マサラを作る。トマトは缶汁ごとミキサーで撹拌してジュース状にする。

5 フライパンに米油適量（分量外）を中火で熱し、**1**の鶏肉を皮目から入れ、全面を焼く。焼き目がついたら上下を返し、1〜2分焼いて取り出す。

6 鍋に米油を強火で熱し、スターターのホールスパイスとベイリーフを入れる。

7 クローブがぷくっとふくらみはじめ、赤唐辛子が軽く色づいたら、**1**のにんにくを加え、軽く色づくまで炒める。

8 **1**の玉ねぎ、塩、**5**の残った油を加え、きつね色になる手前まで炒め、GGペースト、パウダースパイスを加え、炒め合わせる。

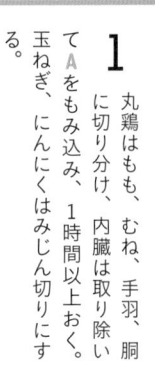

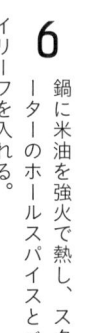

9 粉っぽさがなくなったら、ヨーグルトを加えてよく混ぜ合わせ、**4**のジュース状にしたトマトを加え、全体を沸騰するまで炒め合わせる。

10 焼いた**5**を加えて炒め合わせる。

11 **4**のペーストにしたマサラ全量、ココナッツミルクを加えてなじませたら、分量の水を加える。このとき、ミキサーに残ったトマトを、分量の水で洗うようにして加える。

12 ひと煮立ちしたら蓋をして、170℃のオーブンで60分ほど加熱する。むね肉は火の入り方が違うので10分たったら取り出しておく。

13 胴がらを取り出し、むね肉を戻し入れ、タラゴンチップを加える。

Finish

器に盛り、お好みで粗みじん切りにしたパクチーを散らす。

水野仁輔の考察

インド料理の基本テクニックに独自のサイエンス感覚を注入

加来シェフの料理はバランスがいい。ベースはインド料理の基本的なテクニックを踏襲しながらも随所にきかせるアレンジに論理的な思考が垣間見えます。

ドライカレーはシグネチャーメニューともいえる一品。徹底的に素材を脱水し、濃縮による味わいを深めつつも、過度の火入れによる香りの減少は回避する設計です。

骨つきチキンカレーはオーブンによる煮込みで鶏肉の食感と味わいの抽出が考慮されています。タラゴンによる香りづけもユニークです。

spicy curry魯珈のにぼキーマ

オリジナルカレー①

食べ歩きで培うひらめきで、進化し続ける「通いたくなる店」

大久保にある「spicy curry魯珈」。インドのスパイスカレーと、学生時代のアルバイト先で出会った台湾の家庭料理である魯肉《ルーロー》のかけ合いがおもしろいと思いつき、自分のお店メニューに。毎週必ず新しい限定カレーを出す圧倒的なバリエーションや歩みを止めない研究心と勢いで常連さんを飽きさせない。最近はラーメン屋のスープからインスピレーションを受けているそう。今回は、齋藤シェフが厳選したオリジナルカレー2種を紹介する。

レシピ＆お話をうかがったのは

spicy curry魯珈《ろか》

齋藤絵理《さいとうえり》さん

名店「エリックサウス」で7年修業し、2016年に独立。必要なスパイスがあればインドへ向かい、休みの日は他のカレー店を食べ歩くなど、カレーに対する研究に余念がない。

出来上がり量 **876g**

材料（4人分）

鶏ももひき肉……400g
煮干し……150g
玉ねぎ……1個
トマト缶（カット）……50g
にんにく（すりおろし）・
しょうが（すりおろし）……各大さじ1

ホールスパイス
シナモンスティック……4cm
グリーンカルダモン（割っておく）……6粒
クローブ……4粒
ブラックマスタードシード……6粒
クミンシード……小さじ1

パウダースパイス
ヒングパウダー……ふたふり
A コリアンダーパウダー……大さじ1
クミンパウダー……小さじ2
カイエンペッパーパウダー・
ブラックペッパーパウダー・
フェヌグリークパウダー……各小さじ1/2

ハーブ
カレーリーフ……約20枚

仕上げのスパイス
クローブパウダー……小さじ1/2
水……1400mℓ
しょうゆ……大さじ1
塩……小さじ2/3
サラダ油……大さじ4

作り方

1 鍋に頭とワタを残したままの煮干し、分量の水を入れて弱火にかけ、40分ほど煮出す（仕上がり約250mℓ）。玉ねぎはみじん切りにする。

2 フライパンにサラダ油と、クミンシード以外のホールスパイスを入れて弱火で炒める。

3 ブラックマスタードシードがパチパチと弾けてきたら、クミンシードを加える。

4 クミンシードから気泡が出てきたら、にんにくとしょうがを加えて油に香りを移す。ヒングパウダーをふり入れ、すぐにカレーリーフを加える。

5 1の玉ねぎを加えてホールスパイスとしっかりからめ、塩を加えて炒める。塩を加えることで時短になるとともに、玉ねぎの甘みを引き出す。

6 きつね色になるまで7分ほど、木べらで絶えず炒める。

7 パウダースパイスAを加え、焦げないように水適宜（分量外）を加えながら炒め、しっかりと火を通す。

8 ひき肉、トマトを缶汁ごと加え、木べらでほぐしながら炒める。

9 1のだしを、ザルでこしながら加える。

10 しょうゆを加え、弱火で2分ほど煮込み、仕上げのスパイスを加えて混ぜ合わせる。

Finish

器にターメリックライス、10を盛り、ざく切りにした香菜をのせる。

オリジナルカレー②

酢筍と牛バラの発酵中華カレー

ひと口目は酢筍の酸味が口の中に広がり、あとから牛肉のうま味が広がります。八角や五香粉などのスパイスで、中華風に仕上げています。

出来上がり量 1255g

材料（4人分）

- 牛バラ肉（5㎝幅に切る）……500g
- 酢筍（市販／1㎝角に切る）……150g
- 玉ねぎ（薄切り）……1個分
- トマト缶（カット）……200g
- にんにく（すりおろし）・しょうが（すりおろし）……各大さじ1/2

✱ホールスパイス

- シナモンスティック……4㎝
- ブラックマスタードシード……小さじ1
- 八角……4粒
- 花椒……小さじ2

パウダースパイス

- パプリカパウダー・コリアンダーパウダー……各大さじ1
- クミンパウダー……大さじ2/3
- 五香粉……大さじ1/2
- ターメリックパウダー……小さじ2
- カイエンペッパーパウダー・ブラックペッパーパウダー……各小さじ1

- 酢……大さじ1
- しょうゆ……小さじ2
- 老抽王《ローツォーワン》（中国しょうゆ／あれば）……適量
- 水……300㎖
- 塩……小さじ1
- サラダ油……大さじ3

作り方

1 フライパンにサラダ油を弱火で熱し、シナモンスティック、八角、ブラックマスタードシードを入れて炒める。

2 マスタードシードがパチパチと弾けてきたら、花椒を加える。

3 気泡が出たらにんにく、しょうがを加えて香りが立つまで炒める。

4 香りが立ったら、玉ねぎを加え、塩ひとつまみ（分量外）を加えてしんなりするまで5分ほど、木べらで絶えず炒める。

5 パウダースパイス、塩を加える。

6 焦げないように水適宜（分量外）を加えながら炒め、しっかりと火を通す。

7 香りがしてきてねっとりしてきたら、酢筍を加え、全体を混ぜ合わせる。

8 牛肉を一気に加え、火が通るまで炒める。

9 トマトを缶汁ごと、酢、しょうゆ、老抽王、分量の水を加え、3分ほど煮込む。

器に盛り、小口切りにした小ねぎをのせる。

水野仁輔の考察

カレーと異国の食文化を融合 キーはだしと発酵調味料

齋藤シェフは、ルーローハンとカレーをかけ合わせることで独自のスタイルを確立。台湾料理とのコラボレーションに限らず、様々な国の料理エッセンスを入れ込んでオリジナルのカレーを次々と生み出しています。

ドライスパイスを油で炒めることによって生まれるスパイス本来の持つ香りとメイラード反応による香ばしい香り。ここに異文化要素として発酵調味料やだしの風味を加えた点にオリジナリティを感じます。

にぼキーマは、「日本×カレー」。たっぷり贅沢に使う煮干しから出るだしに特徴があります。150gの煮干しから250㎖のだしが出来上がる。かなり濃縮されたうま味と風味が生まれます。

発酵調味料としてのしょうゆは隠し味と隠し風味。そこに合わせるスパイスはオーソドックスなラインナップに加え、ヒングパウダー、フェヌグリーク、クローブパウダーなどがユニーク。

発酵中華カレーは、その名の通り、「中国×カレー」の組み合わせ。八角や花椒の香りを移した油で玉ねぎを炒めてベースにし、五香粉で特徴づけ、酢筍の風味を加える。個性豊かな香りを段階的に重ねた結果、どこにもないオリジナルの風味を持ったカレーが完成します。

味と香りの組み立てに関する自由な発想とバランスよく仕上げる技術によって、新作を生み続けています。

オリジナルカレー①

CURRY BAR HENDRIX チキンカレー

おいしければ、型にはまらなくていい。自由な発想で、音楽のように楽しめるカレー

国立競技場近くにあるインド料理店「CURRY BAR HENDRIX」。伝説のギタリスト「ジミ・ヘンドリクス」に由来した店名で、リズムを刻むスパイスを音楽のように楽しめるカレーがある。夜はバーとしてオープンしており、スパイスとワインのマリアージュが楽しめる。今回は、若林シェフにスパイスをローストやテンパリングして香りを立たせるなど、いろいろな状態のスパイスのおいしさを一皿に詰め込んだカレー2種を教えていただく。

レシピ&お話をうかがった

CURRY BAR HENDRIX
若林剛史《わかばやしたけし》さん

デザイン学校に通いながら飲食店でアルバイトをしたところからお店を任され、現在に至る。リズムを感じられるようなスパイス使いが魅力のカレーやおつまみを得意とする。

作り方

1 鍋に野菜だしの材料を入れて弱火で1時間ほど煮る。グリーンカルダモンは殻を取り除く。

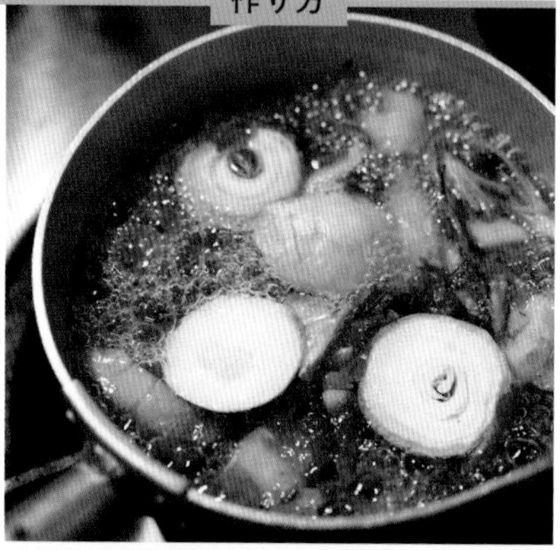

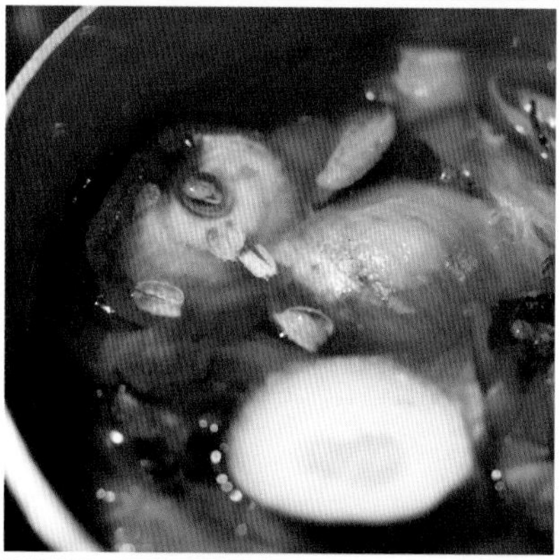

2 中華鍋にサラダ油を弱火で熱し、スターターのホールスパイス、ハーブを入れて炒める。

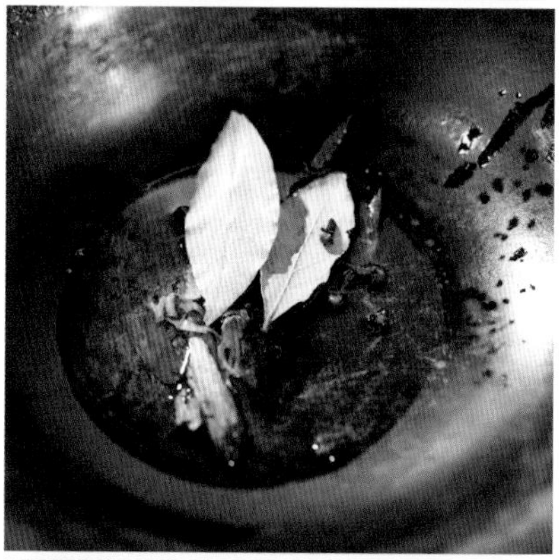

3 クローブがぷくっとふくらみはじめたら、ホールスパイスを加える。

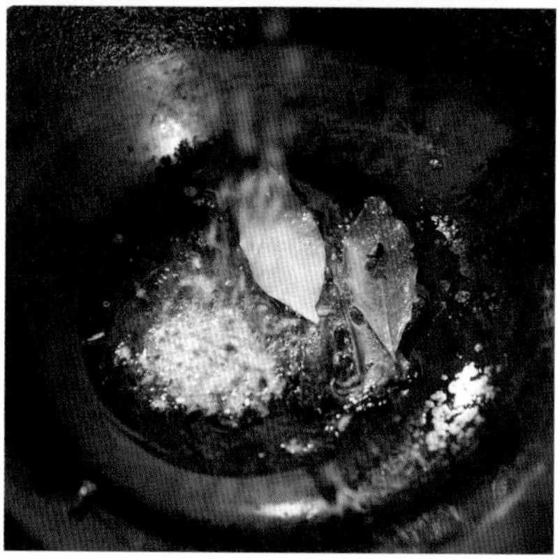

出来上がり量 1071g

材料（４人分）

鶏もも肉のマリネ（＊）……360ｇ
玉ねぎ（3cm角）……大２個分
にんにく・しょうが……各10ｇ
トマトジュース（無塩）……70mℓ
牛乳……50mℓ

＊スターターのホールスパイス
グリーンカルダモン……２粒
クローブ……６粒
シナモンスティック……３ｇ
メース……２かけ

＊ホールスパイス
クミンシードミックス（→P131）……小さじ1/2

ハーブ
ローリエ……２枚

パウダースパイス
A レッドペッパーパウダー・ガーリックパウダー……各小さじ1/2
B ターメリックパウダー・コリアンダーパウダー・クミンパウダー……各大さじ１
カイエンペッパーパウダー……小さじ1/2
C コリアンダーパウダー・クミンパウダー……各小さじ1/2

マサラ（→P131）……適量
野菜だし
水……1000mℓ
野菜の切れ端や皮……適量
塩……小さじ１
ピクルス液……大さじ２
（または白ワイン、酢、きび糖、塩を合わせたもの）
ナンプラー……少々
サラダ油……大さじ３

How To Make

＊鶏もも肉のマリネの材料と作り方（作りやすい分量）

鶏もも肉1kgは一口大に切り、ナンプラー15mℓ、レッドペッパーパウダー大さじ1/2、ガーリックパウダー小さじ１、粗びき黒こしょう小さじ1/4を加えてもみ込み、冷蔵庫に１日おく。

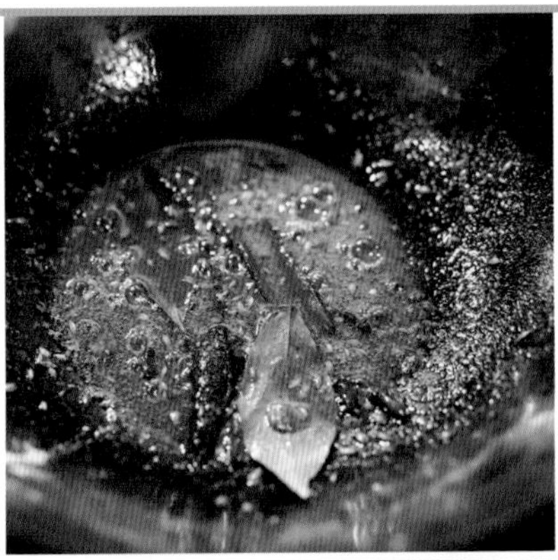

4 パウダースパイス**A**を加える。焦げやすいので弱火で徐々に火を入れていき、泡が立つまで炒める。

5 泡が立って焦げる直前に玉ねぎ、塩を加え、水分を出すように炒める。泡が出てきたら焦げやすいので気をつける。

6 ミルにマサラの材料をすべて入れ、パウダー状にする。

7 **5**に**6**を小さじ1／2加え、強火で炒める。

8 **1**の野菜だしをレードル2（約400㎖）ほど加え、お玉の背でなでるように焦げないように炒め、玉ねぎに火を通す。

9 極弱火にし、にんにく、しょうがをすりおろして加える。**1**の野菜だしレードル1／2でおろし金を洗うようにして加える。

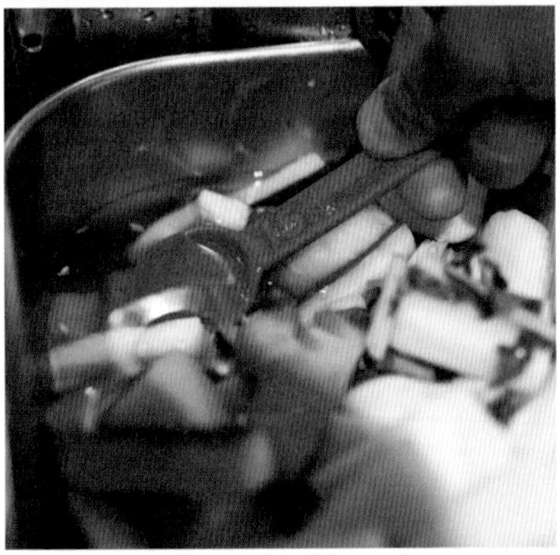

10 ピクルス液を加える。ここで酸味と甘みを加える。

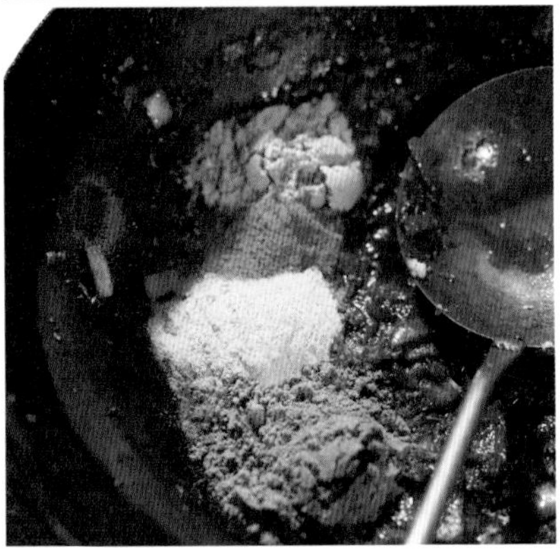

11 パウダースパイス**B**を加え、全体に混ぜ合わせる。

12 小さいフライパンにパウダースパイス**C**を入れて乾煎りする。

13 **1**の野菜だしレードル1／2を**12**に加え、洗い流すように**11**の鍋に加える。

14 ナンプラーを加え、**1**の残りの野菜だしをザルでこしながら加える。

15 トマトジュース、牛乳を加えて全体を混ぜ合わせる。

16 鶏もも肉のマリネを加え、火が通るまでさっと煮込み、**6**のマサラをひとふり加える。

Finish

器に盛り、マサラをひとふりし、パクチーペースト（非公開）をのせる。

How To Make

クミンシードミックス

クミンシード：キャラウェイシード：フェンネルシード＝7：1：1

マサラ

シナモンスティック：クローブ：八角：メース＝2：2：1：1

ORIGINAL

オリジナルカレー②

なすと梅干しのカレー

スパイスの香りと油を吸ったなすがたまらない。油揚げのコクと昆布だしのうま味、梅干しのアクセントという和の組み合わせが、ホッとする一品です。

出来上がり量 827g

材料（4人分）

- 長なす……4本
- 梅干し（塩漬け）……4個
- 玉ねぎ……大2個
- 油揚げ……2枚
- トマトジュース（無塩）……140mℓ
- にんにく（すりおろし）……1かけ分
- しょうが（すりおろし）……10g
- ＊スターターのホールスパイス
  - シナモンスティック……3g
  - グリーンカルダモン……2粒
- ＊ホールスパイス
  - フェヌグリーク……ひとつまみ
  - ブラウンマスタードシード……小さじ1/2
  - クミンシードミックス（→P131）……小さじ1/2
  - ニゲラ……少々
  - 赤唐辛子……2本
- 昆布だし
  - 水……200mℓ
  - 酒……少々
  - 昆布（3×7cm）……1枚
- パウダースパイス
  - ターメリックパウダー……小さじ1
  - コリアンダーパウダー・クミンパウダー……各大さじ1
- きび砂糖……小さじ1
- 塩……小さじ1＋小さじ1/2
- サラダ油……適量

下ごしらえ

- 鍋に昆布だしの材料を入れて弱火にかけ、沸騰したら火を止める。冷めたら昆布を取り出して細切りにする。
- グリーンカルダモンは殻を取り除く。玉ねぎは薄切り、油揚げは細切りにする。
- なすは長さを半分に切り、縦半分に切ったら、縦薄切りにする。

作り方

1 中華鍋にサラダ油大さじ3～5を弱火で熱し、スターターのホールスパイスを入れて炒める。

2 フェヌグリーク、ブラウンマスタードシード、クミンシードミックス、ニゲラの順に加えていく。

3 玉ねぎ、塩小さじ1を加え、繊維を叩いて、水分を出すようにしながら炒める。

4 玉ねぎが焦げそうになったら昆布だし適量を加えながら炒める。

5 にんにく、しょうが、半分にちぎった赤唐辛子を加えて強火で炒め、梅干しを加え、つぶしながら全体に混ぜ合わせるように炒める。

6 残りの昆布だしを少しずつ加え、全体になじませる。

7 昆布だしの昆布の細切り、きび砂糖を加え、全体に混ぜ合わせたら、耐熱ボウルなどにいったん取り出す（カレーベースの完成）。

8 **7**の中華鍋をさっと洗い、サラダ油大さじ1～3を強めの中火で熱し、なす、塩小さじ1／2を入れて炒める。

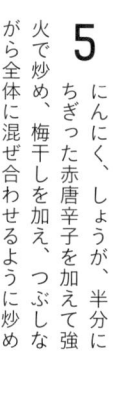

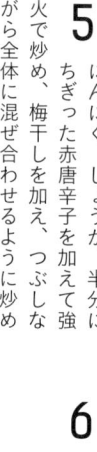

9 なすがしんなりとしてきたら7を戻し入れ、全体に混ぜ合わせる。

10 油揚げを加え、軽くつぶすようにして全体を炒める。

11 全体がとろっとしてきたらパウダースパイスを加え、トマトジュースを加えて全体を混ぜ合わせる。

水野仁輔の考察

オリジナリティあふれる料理はお酒のつまみにもピッタリ

若林シェフのスパイス使いには、ストーリーがあります。本人が意図する通り、スパイスの形状や投入タイミングを工夫することで香りに抑揚を持たせているからです。

チキンカレーは部分的に粗挽き状態を残したマサラで香りのアクセントを加え、肉にはナンプラーをマリネして風味を閉じ込めています。野菜だしの風味も特徴的。

なすと梅干しのカレーでは昆布だしと梅干しの風味を活用。なすをしっかり脱水することで一度吸った油を再度抽出し、仕上げに加えるパウダースパイスの香りを定着させる設計になっています。

香りを生み出すチャンスを最大限に生かし、完成した料理の様々な場所に香りの素を忍ばせている。だからお酒の風味とも合うのです。

Finish

器に盛り、白いりごまをふる。

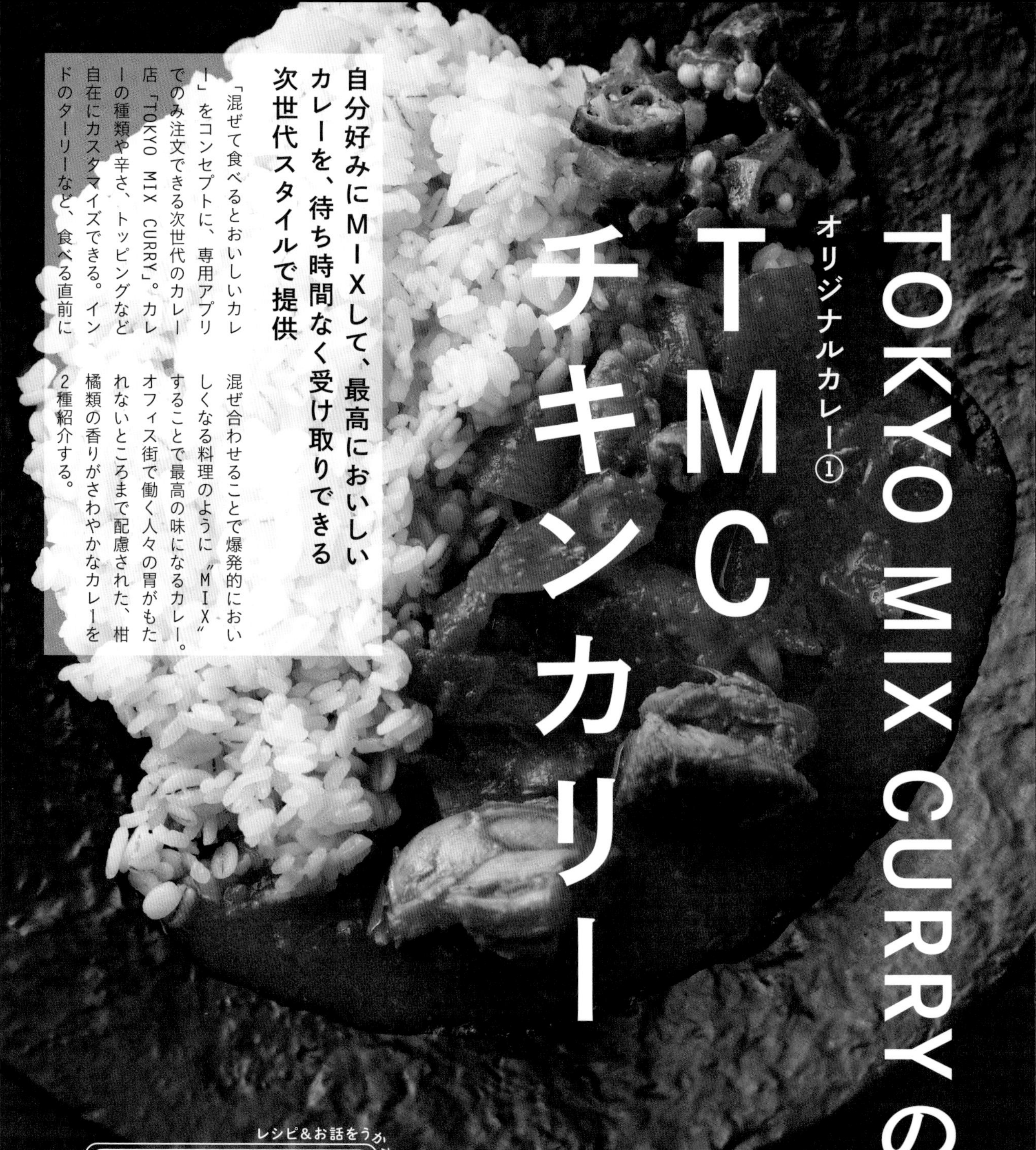

TOKYO MIX CURRYの

オリジナルカレー①

TMCチキンカレー

自分好みにMIXして、最高においしいカレーを、待ち時間なく受け取りできる次世代スタイルで提供

「混ぜて食べるとおいしいカレー」をコンセプトに、専用アプリでのみ注文できる次世代のカレー店「TOKYO MIX CURRY」。カレーの種類や辛さ、トッピングなど自在にカスタマイズできる。インドのターリーなど、食べる直前に混ぜ合わせることで爆発的においしくなる料理のように〝MIX〟することで最高の味になるカレー。オフィス街で働く人々の胃がもたれないところまで配慮された、柑橘類の香りがさわやかなカレーを2種紹介する。

レシピ＆お話をうかがったのは……

TOKYO MIX CURRY
渡邊雅之《わたなべまさゆき》さん

株式会社FOODCODE取締役。15年間にわたりカレーを研究し、南インドのゴア料理、移動販売での修業を経て、TOKYO MIX CURRYの厨房長を務める。

ORIGINAL

出来上がり量 1020g

材料（4～5人分）

鶏もも肉……300g
玉ねぎ……300g
にんにく（すりおろし）……10g
しょうが（すりおろし）……15g
トマトピューレ……50g
塩麹……20g
ココナッツミルク……30mℓ
みかん果汁……150mℓ
レモン果汁……10mℓ

パウダースパイス
- コリアンダーパウダー……8g
- ターメリックパウダー・レッドチリパウダー・グリーンカルダモンパウダー・パプリカパウダー・クミンパウダー・フェンネルパウダー……各2g

だし
- 鶏がらスープ（＊）……250mℓ
- 魚粉（またはかつおといわしのだしパック）……3g

塩……6g
米油……30mℓ

下ごしらえ

保存袋に鶏肉、鶏肉が浸るぐらいの5%の塩水（水100mℓにつき塩5g）を入れて3時間ほどブライニング（漬け込む）する。玉ねぎはくし形切りにする。

作り方

1 鍋に米油を強めの中火で熱し、玉ねぎ、塩を入れて水分を出すように炒める。かき混ぜすぎないように、焦げても気にせずに炒める。

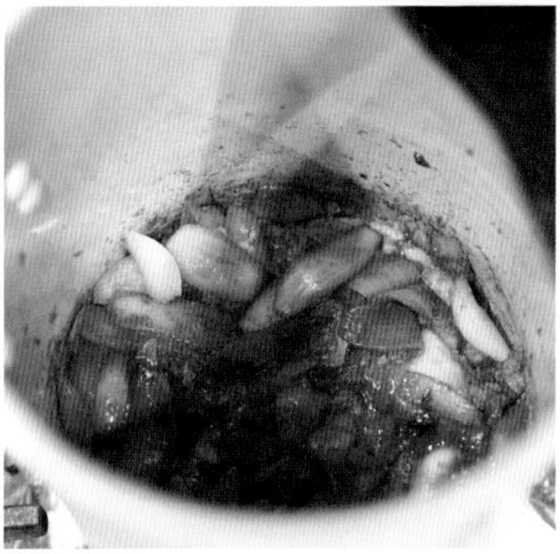

2 玉ねぎがきつね色になり、水分が十分に抜けたら、にんにく、しょうが、トマトピューレを加え、水分を飛ばすように炒める。

3 フッ素樹脂加工のフライパンを強めの中火で熱し、鶏肉を皮目を下にして5分ほど焼き、裏返して3分ほど焼く。

4 **2**の火を止めてパウダースパイスを加え、なじませるように混ぜる。

How To Make

＊鶏がらスープの材料と作り方

鍋に鶏がら200g、水1000mℓを入れて強火で煮立たせ、アクを取り除いたら弱火で2時間ほど煮込み、ザルなどでこす。鶏がらスープの素を使ってもOK。

5 香りが立ったら、だし、塩麹、ココナッツミルクを加え、中火にかけ、煮立たせる。

6 **3**の表面にこんがりと焼き色がついたら、取り出して一口大に切る。

7 **5**が煮立ったら、**6**を加え、再度煮立ったら、弱火にしてみかん果汁、レモン果汁を加え、10分ほど煮込む。塩適量（分量外）で味をととのえる。

水野仁輔の考察

奇をてらわず王道のスタイルはスパイスカレーのお手本のよう

渡邊シェフの調理設計は、そぎ落とされていてシンプルです。どの素材をどこまで火入れするのか、どれほど脱水し、どれほどメイラード反応させるのか。試作を度重ねることによって整ったレシピが特徴です。

チキンカレーは、味わいも香りもまさに王道。食べやすいが凡庸とせず、フルーツや魚粉を隠し味にするなどの遊び心も備わっています。

ビーフカリーにもフルーツ果汁は活躍。赤ワインの酸味と生クリームのまろやかさで調和を取っています。

鶏肉を５％の塩分濃度でブライニングすることや玉ねぎを20％にまで脱水することなど数値によるゴールの目安が明確なため、誰にとっても再現性が高いカレーといえるでしょう。

Finish

器に麦ごはん、7を盛り、オクラ生姜（TMC Topping）を添える。

オリジナルカレー②

TMCビーフカリー

牛肉のうま味がたまらないTMCの人気メニューです。じっくりと炒めた玉ねぎで甘みをプラスし、果汁を加えてこってりとしすぎない後味が◎。

出来上がり量 1025g

材料（4人分）

牛バラブロック肉……500g
A 塩・ブラックペッパーパウダー……各2g
　プレーンヨーグルト（無糖）…70g
じゃがいも（冷凍可）……200g
にんじん（すりおろし）……80g
玉ねぎペースト（＊）……100g
にんにく（すりおろし）……10g
トマトペースト……50g
フライドオニオン……10g
B 水……300mℓ
　赤ワイン……150mℓ
　生クリーム……50mℓ
　みかん果汁……50mℓ
　レモン果汁……10mℓ

パウダースパイス
ガラムマサラ・
　クミンパウダー・
　コリアンダーパウダー……各4g
パプリカパウダー……2g
シナモンパウダー・
　グリーンカルダモンパウダー・
　クローブパウダー・
　ターメリックパウダー・
　ホワイトペッパーパウダー・
　レッドチリパウダー……各1g

ハーブ
ベイリーフ（シナモンリーフ）……2枚
塩……6g
米油……30g

＊玉ねぎ400gを100gになるまで油適量で炒めたもの。

下ごしらえ
・牛肉は2cm角に切り、Aをもみ込んで冷蔵庫に1時間〜一晩おく。
・じゃがいもは一口大に切る。

作り方

1 鍋に米油を中火で熱し、にんじん、玉ねぎペースト、にんにく、トマトペーストを入れて丁寧に炒める。

2 塩、パウダースパイスを加えて全体を炒め合わせる。

3 フッ素樹脂加工のフライパンに牛肉を入れ、中火で焦げ目がつくくらいまで焼く。

4 **2**に**B**を加え、強火でかき混ぜながら煮立たせ、じゃがいもを加える。じっくり煮込む場合は生のまま加え、短時間で煮る場合は600Wの電子レンジで3分ほど加熱してから加える。

5 **3**を加えてひと煮立ちさせる。

6 煮立ったら、ハーブ、フライドオニオンを加え、弱火で15分～1時間煮込む。

Finish

器に麦ごはん、**6**を盛り、にんじんラペ（TMC Topping）を添える。

おいしさの方向性

客観的指標により おいしさを見える化

世界のカレーの原材料分析をしてみました。レシピごとに材料を洗い出して「味の4分類」に振り分け、どの程度使用しているかを整理してみます。そして、それらをレーダーチャートに落とし込みました。図形（四角形）の形を比較するとそれぞれのカレーが持つ味の方向性がわかります。香りの量についても同じく3ポイント制にし、色の濃さで分けています。香りの総量が多ければ多いほど色が濃くなっていきます。

レーダーチャートはそれ自体が「おいしさの比較」に使えるものではありませんが、方向性を把握するのに役立つチャートになると思います。

	A 濃い味	B 強い味		C 甘い味		D 深い味		E 香り・風味	
	濃縮の度合い（倍）	油	塩	乳製品／他	糖分	だし	発酵調味料	スパイス／他	メイラード反応
01 バターチキンカレー	2.5	◎	◎	◎	○	△	△	◎	○
02 ドイ・マーチ	1.6	◎	◎	○	△	△	△	○	○
03 サンバル（野菜と豆のカレー）	1	○	◎	×	△	△	×	◎	○
04 フィッシュカレー	1	○	◎	○	△	△	×	○	○
05 チキンカレー	1.9	◎	◎	×	△	○	×	◎	○
06 アルチャナ	1.7	◎	◎	×	△	○	×	○	△
07 チキンカレー	1.4	○	○	×	△	△	×	○	○
08 うま味たっぷりえびカレー	3.1	△	○	○	△	◎	×	○	△
09 グリーンカレー	1.5	△	○	○	○	△	◎	○	△
10 ゲーンハンレー	2.4	△	○	×	◎	△	◎	○	△
11 ドライカレー	2.5	△	○	×	△	○	×	○	◎
12 骨つきチキンカレー	1	△	○	△	△	○	×	◎	○
13 にぼキーマ	1	△	○	×	△	◎	○	○	○
14 酢筍と牛バラの発酵中華カレー	1	△	○	×	△	◎	○	○	○
15 チキンカレー	1.1	△	○	×	△	○	△	◎	○
16 なすと梅干しのカレー	1.7	○	○	×	○	○	×	○	△
17 TMCチキンカリー	1.2	△	○	△	△	◎	○	○	○
18 TMCビーフカリー	1.3	△	○	△	△	△	×	○	◎

※濃縮の度合いは、100gを50gに濃縮したら、2倍濃縮で、数値が大きいほど濃縮の度合いが大きいことを意味します。
※×、△、○、◎は相対的な量を表しています。

味のレーダーチャート

世界のカレー、シェフのカレーがどんな味なのかを想像するのに有効なチャートです。視覚的に捉えることができるため、複数のカレーがあるときは、似た方向性のカレーを見つけるのにも役立ちます。

味わいは図形、香りは色の濃さ

18種類のカレーを相対的に比較して点数化しているチャートのため、レシピや完成写真を参照しながら見ると楽しめると思います。

大まかにいえば、図形の面積が広ければ広いほど「味の総量」は多いため、おいしさに影響しやすい。ただ、面積の小さなカレーは軽くて食べやすいともいえます。国ごとや作り手ごとにある程度の傾向が見られるのも注目すべきポイントかもしれません。

A 濃い味……脱水による濃縮

B 強い味……油と塩でブースト

C 甘い味……コクを増す

D 深い味……うま味を増す

E 香り・風味……香り高い

※香りの量は3段階の色の濃淡で表示しています。

1　2　3

01 バターチキンカレー ≫ P59

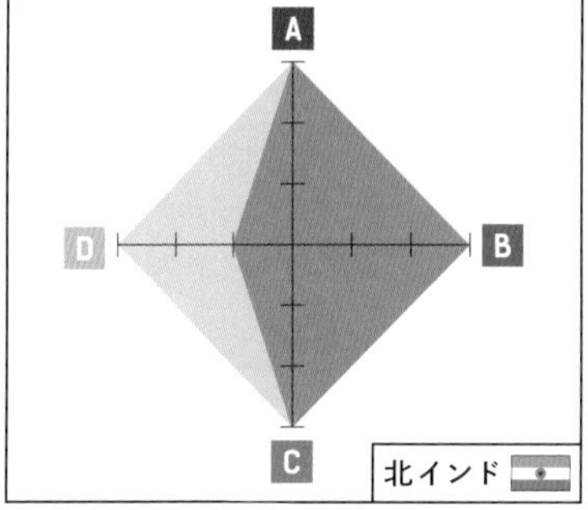

02 ドイ・マーチ ≫ P62

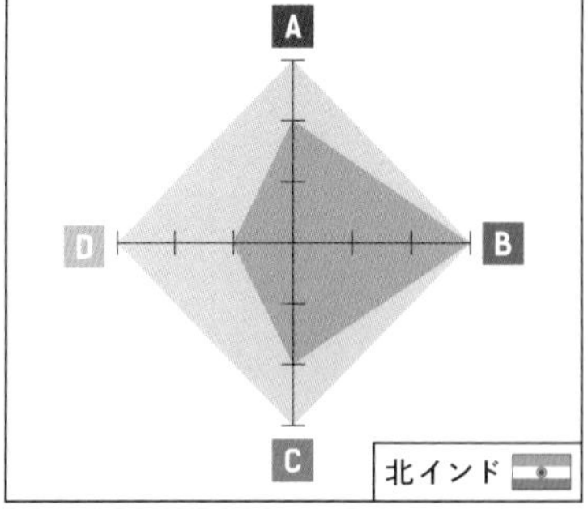

03 サンバル（野菜と豆のカレー） ≫ P69

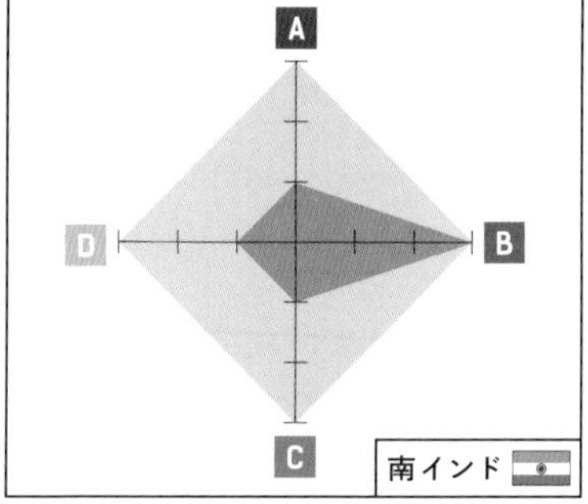

04 フィッシュカレー ≫ P72

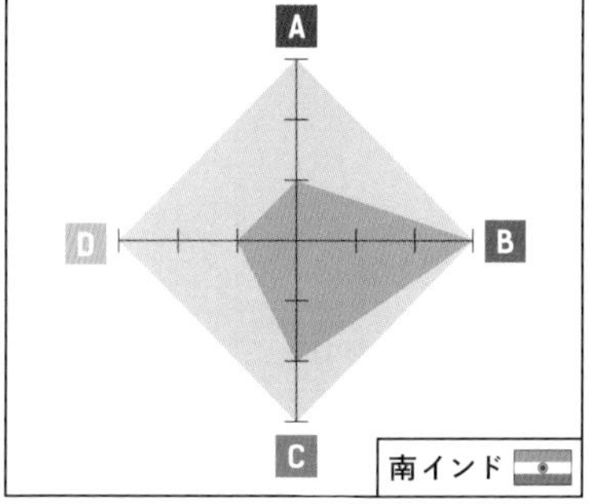

05 チキンカレー ≫ P81

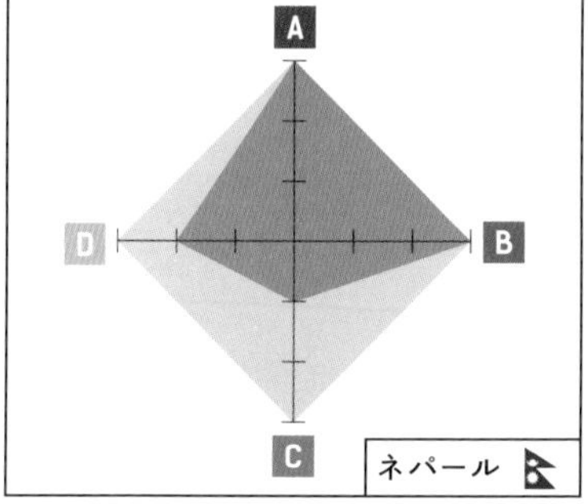

06 アルチャナ ≫ P84

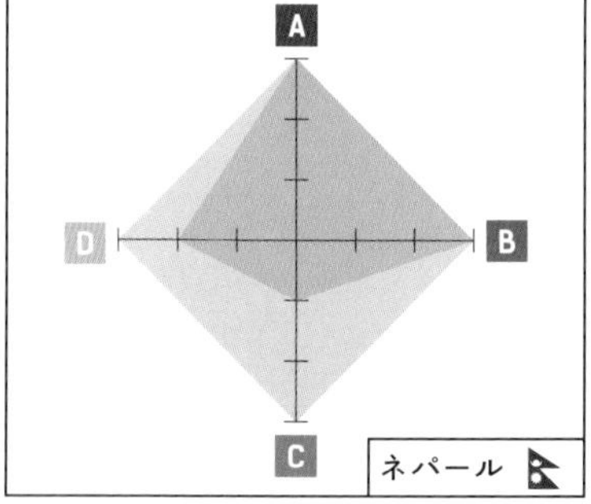

07 チキンカレー 》P93

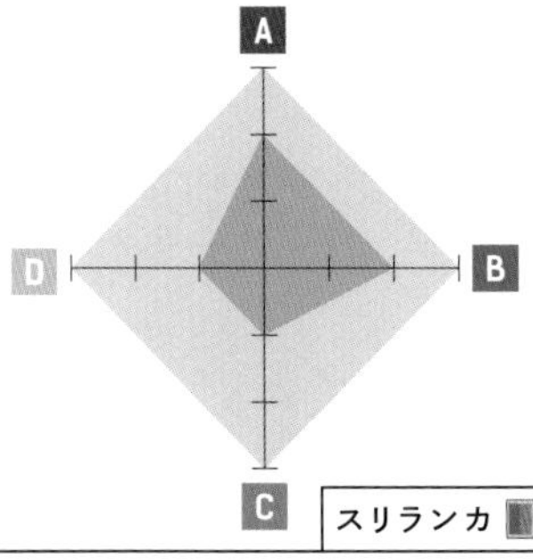

スリランカ

08 うま味たっぷりえびカレー 》P96

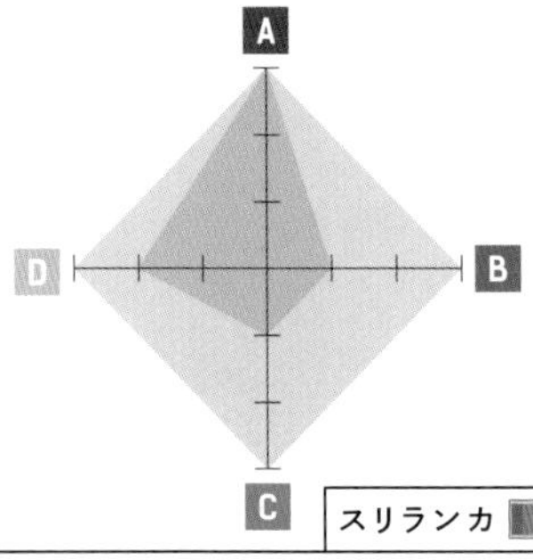

スリランカ

09 グリーンカレー 》P105

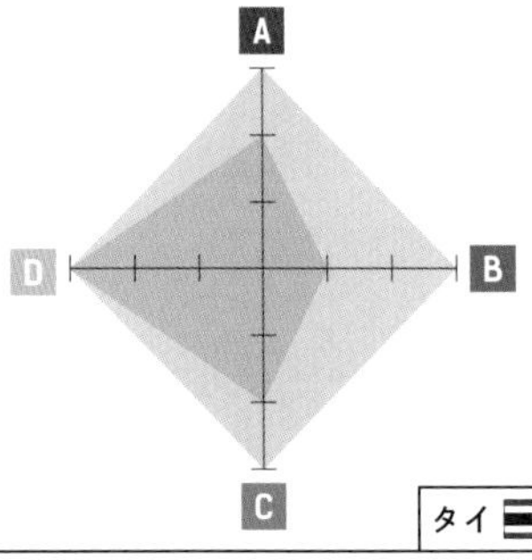

タイ

10 ゲーンハンレー 》P108

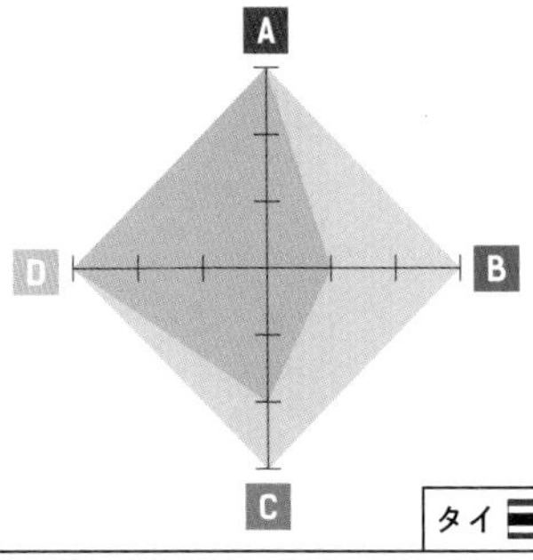

タイ

11 ドライカレー 》P116

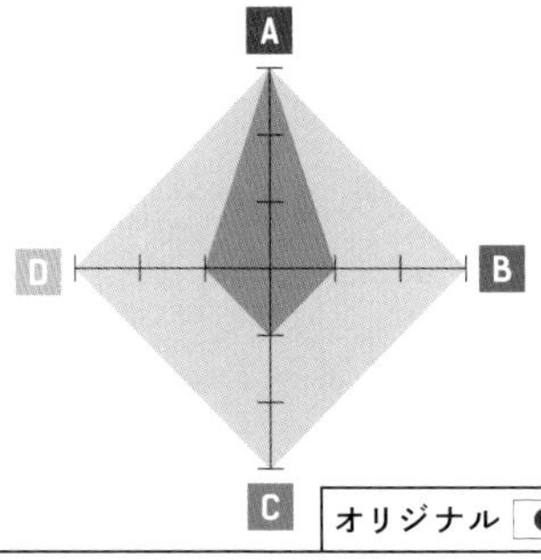

オリジナル

12 骨つきチキンカレー 》P119

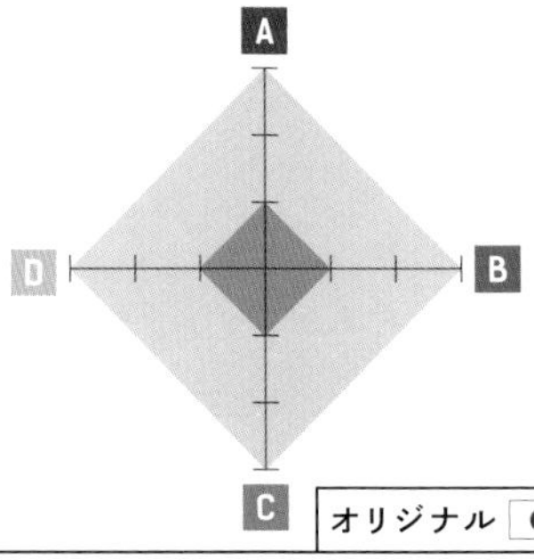

オリジナル

13 にぼキーマ 》P122

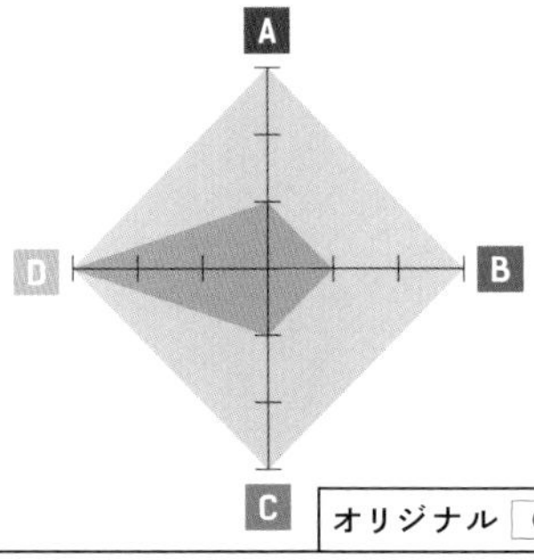

オリジナル

14 酢筍と牛バラの発酵中華カレー 》P125

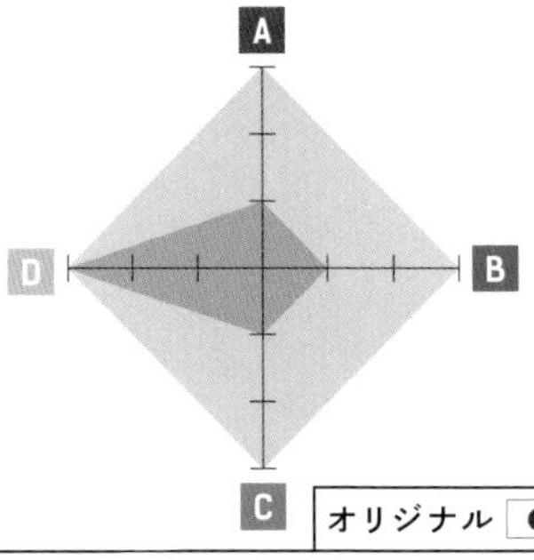

オリジナル

15 チキンカレー 》P128

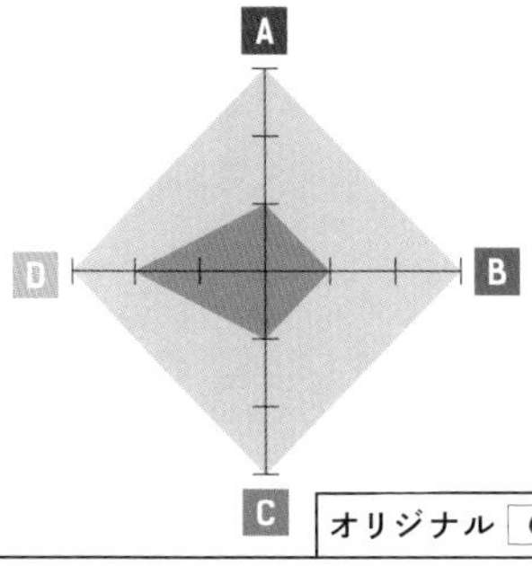

オリジナル

16 なすと梅干しのカレー 》P132

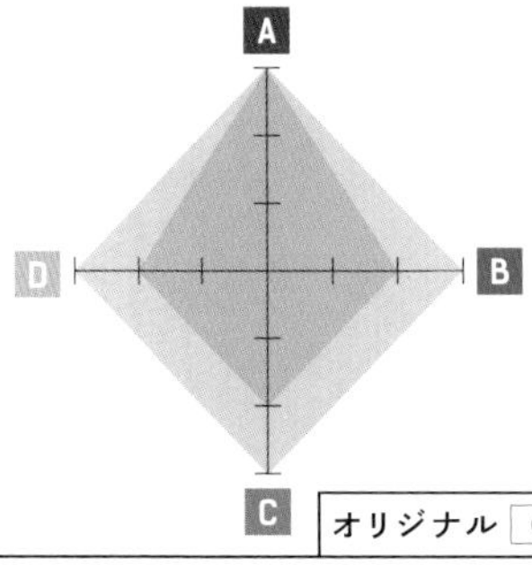

オリジナル

17 TMCチキンカリー 》P135

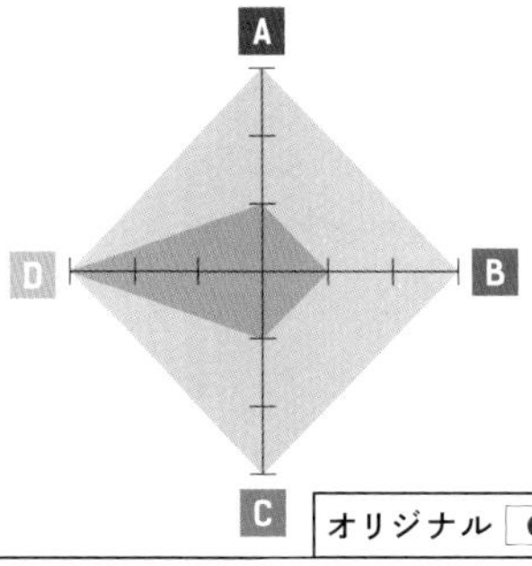

オリジナル

18 TMCビーフカリー 》P138

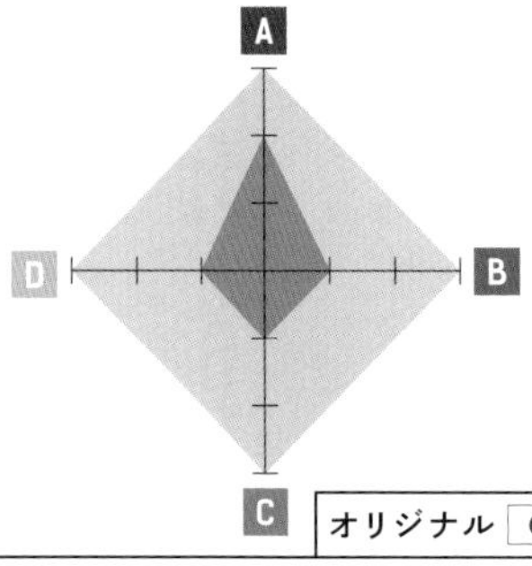

オリジナル

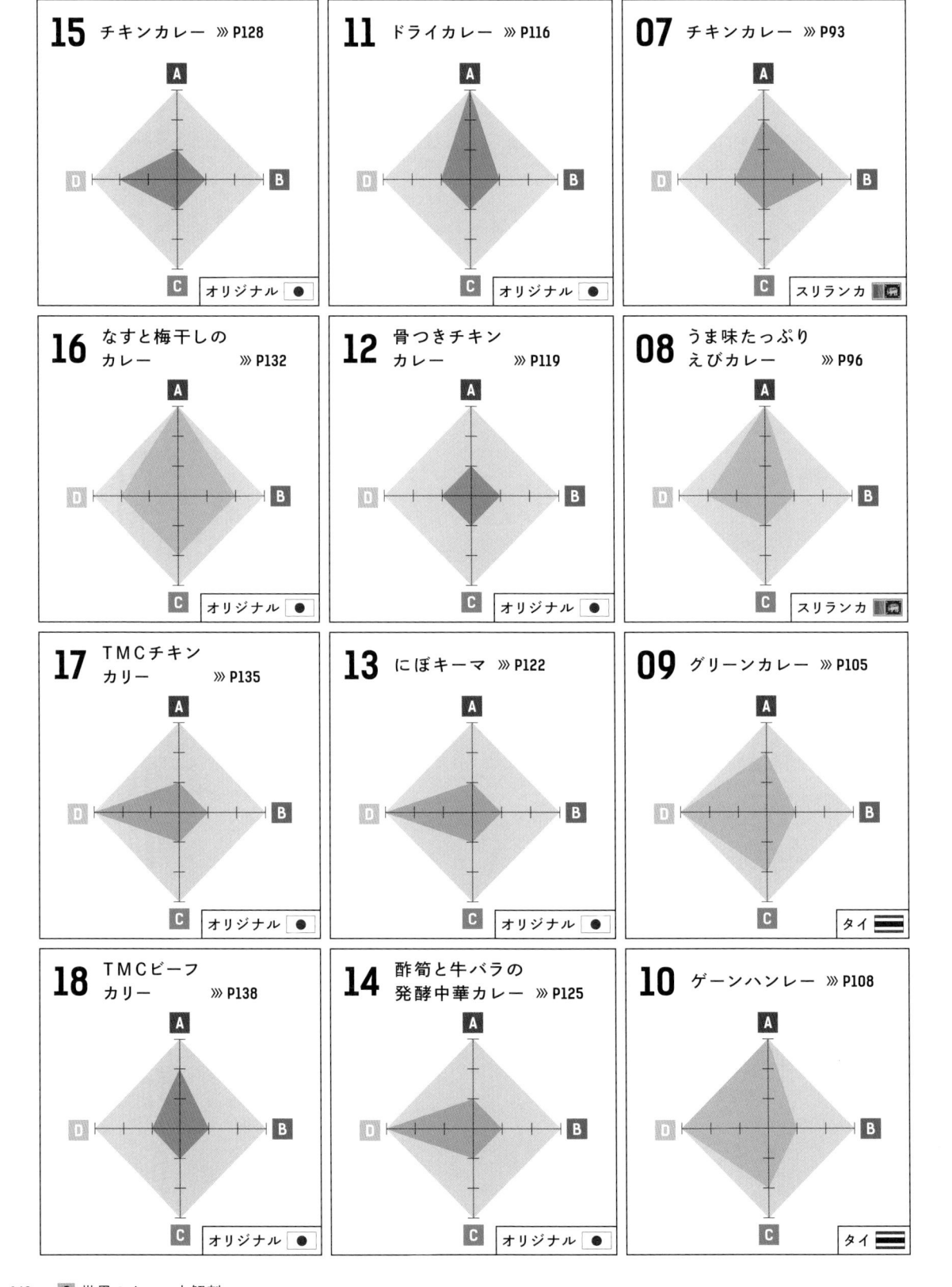

おいしさの比率

おいしさのカギを握るのは?

世界のカレーの原材料分析を別の角度からグラフ化。材料を役割ごとに分け、使用量(主にグラム)から比率を割り出してみました。材料の中でどの味を重視しているかをざっくり把握することができます。厳密には、「具からだしのうま味も出る」や「ワインの風味は使用量の割にそれほど強くはない」など、判断が難しい点もありますが、大まかな比率を把握することができると思います。

- ■ 強い味……油と塩でブースト
- ■ 甘い味……コクを増す
- ■ 深い味……うま味を増す
- ■ 香り・風味……香り高い
- ■ 具
- □ 水

01 バターチキンカレー 》P59

北インド

02 ドイ・マーチ 》P62

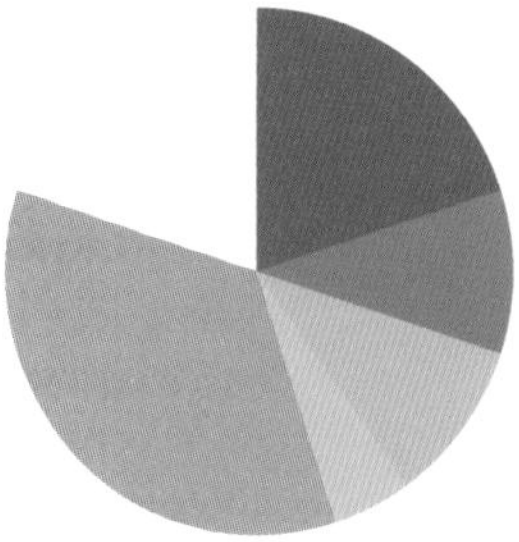

北インド

03 サンバル(野菜と豆のカレー) 》P69

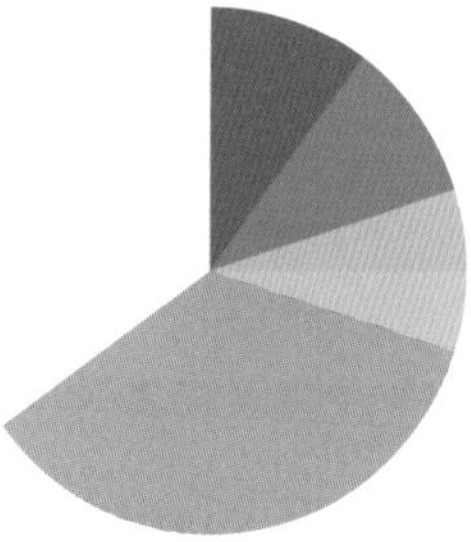

南インド

04 フィッシュカレー 》P72

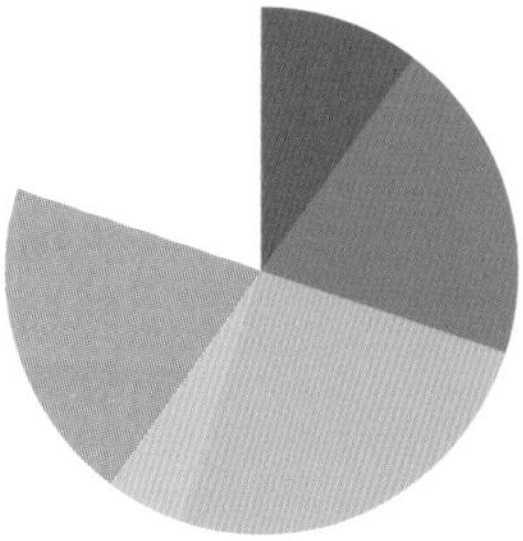

南インド

05 チキンカレー 》P81

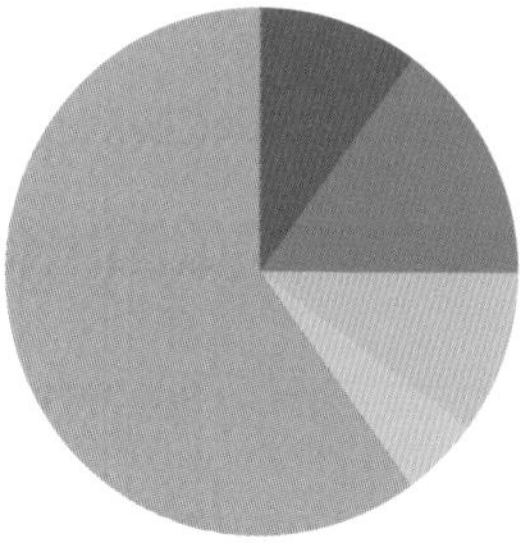

ネパール

06 アルチャナ 》P84

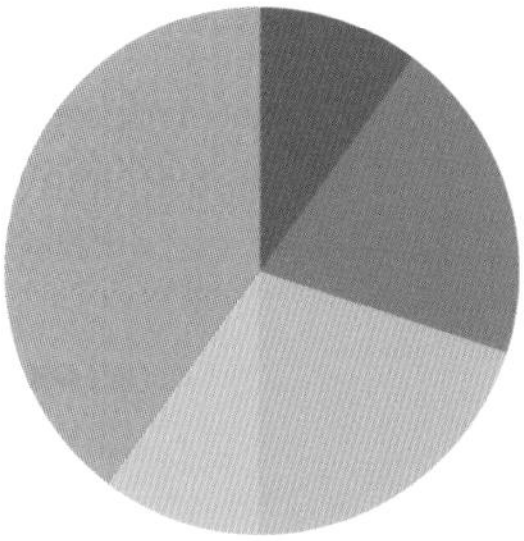

ネパール

07 チキンカレー ≫P93

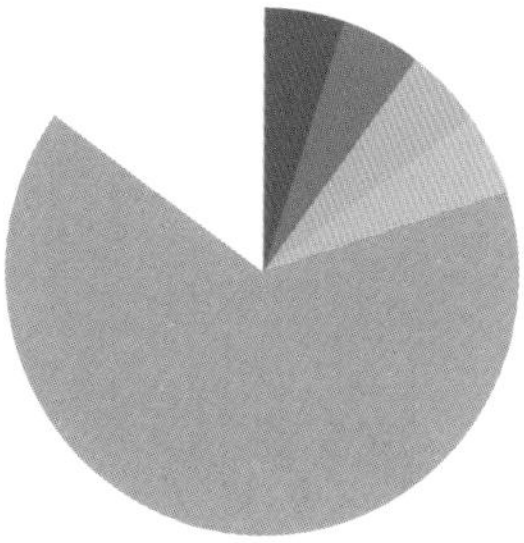

スリランカ

08 うま味たっぷりえびカレー ≫P96

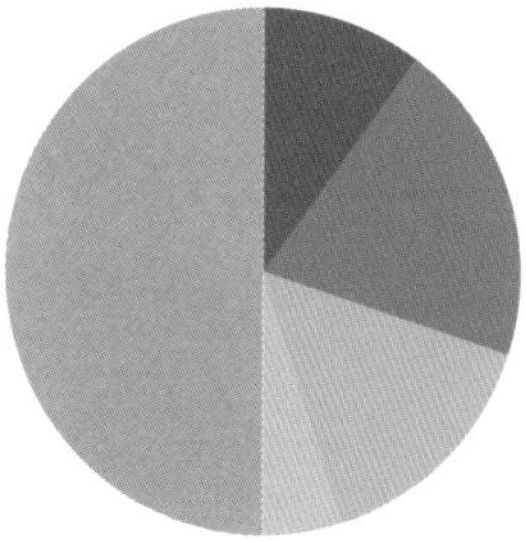

スリランカ

09 グリーンカレー ≫P105

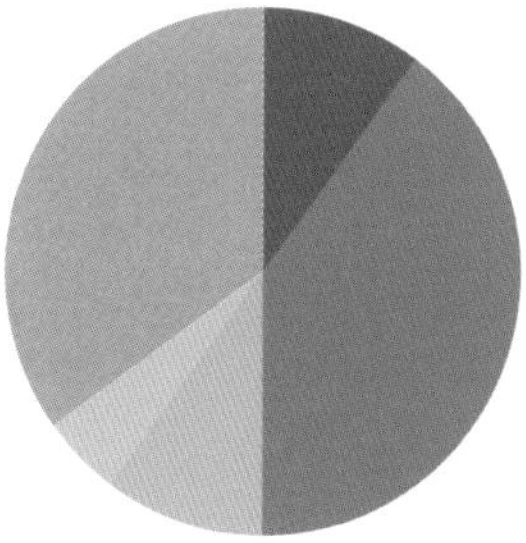

タイ

10 ゲーンハンレー ≫P108

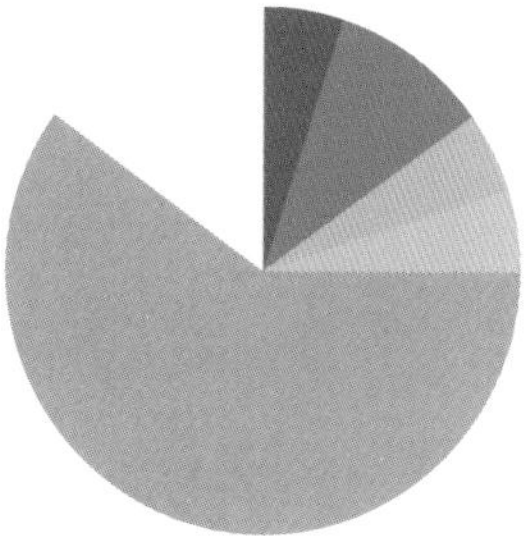

タイ

11 ドライカレー ≫P116

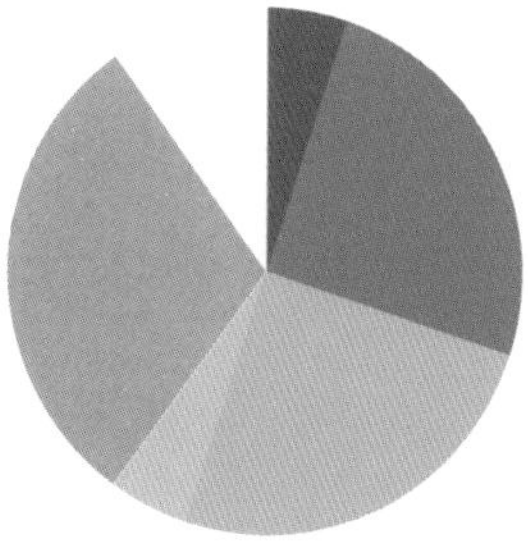

オリジナル

12 骨つきチキンカレー ≫P119

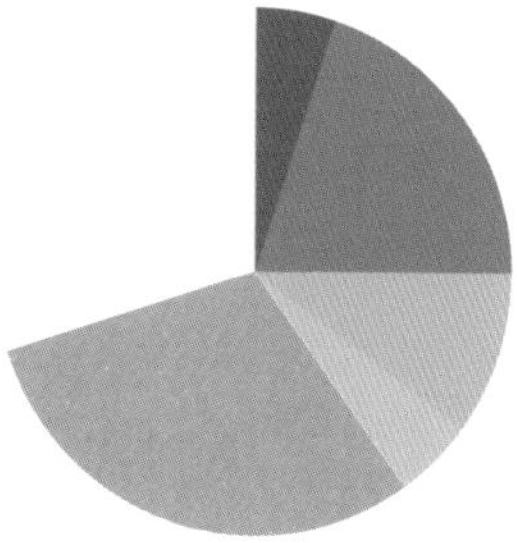

オリジナル

13 にぼキーマ ≫P122

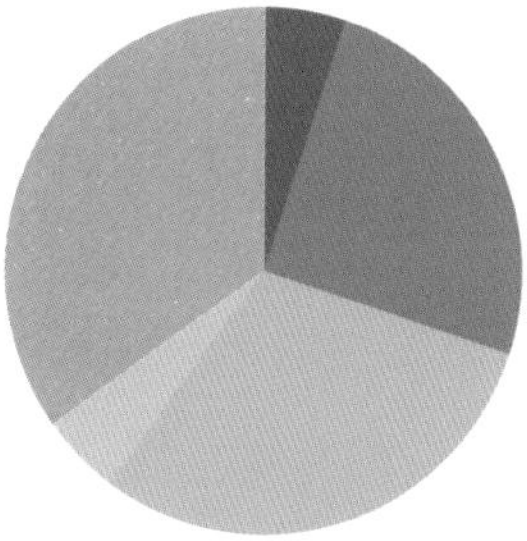

オリジナル

14 酢筍と牛バラの発酵中華カレー ≫P125

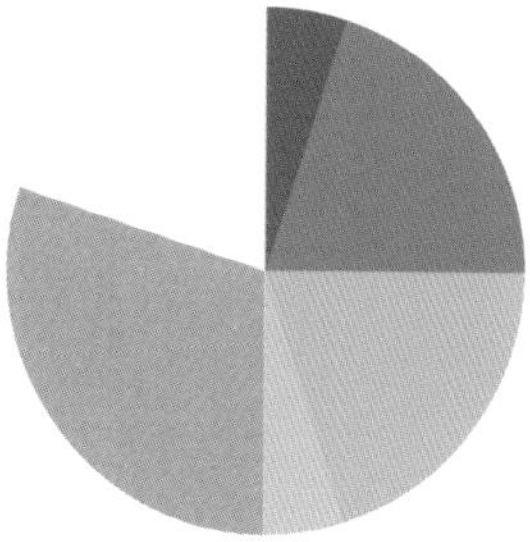

オリジナル

15 チキンカレー ≫P128

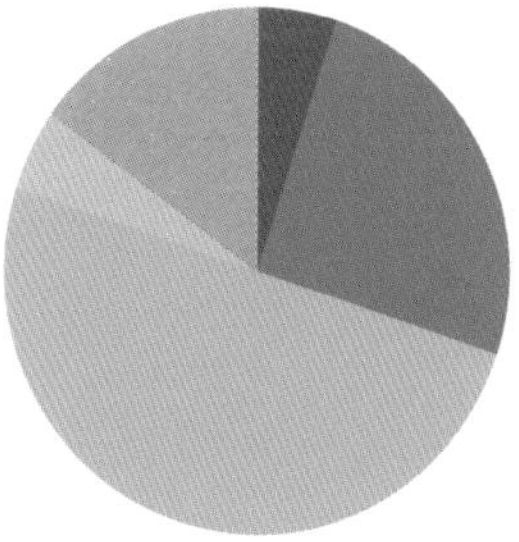

オリジナル

16 なすと梅干しのカレー ≫P132

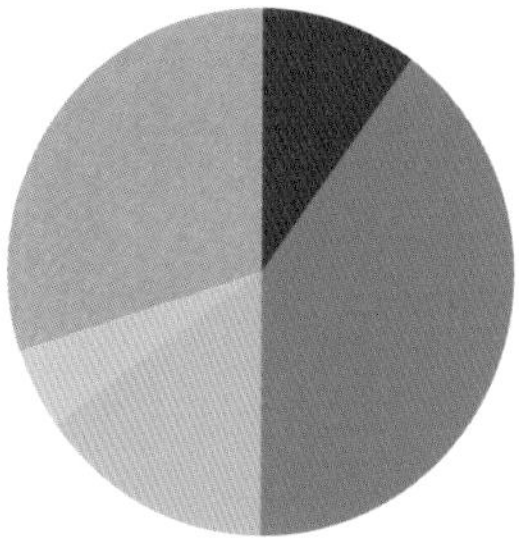

オリジナル

17 TMCチキンカリー ≫P135

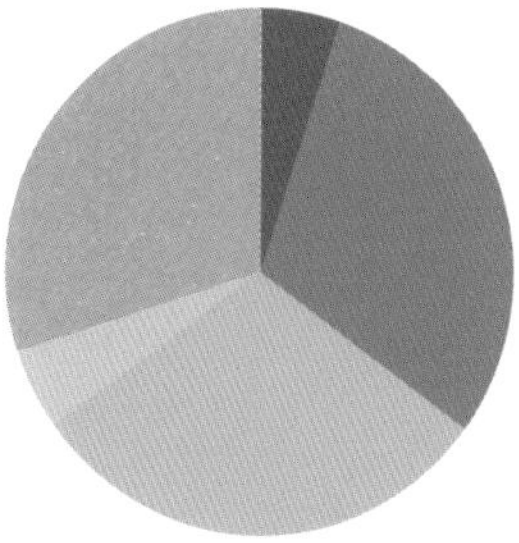

オリジナル

18 TMCビーフカリー ≫P138

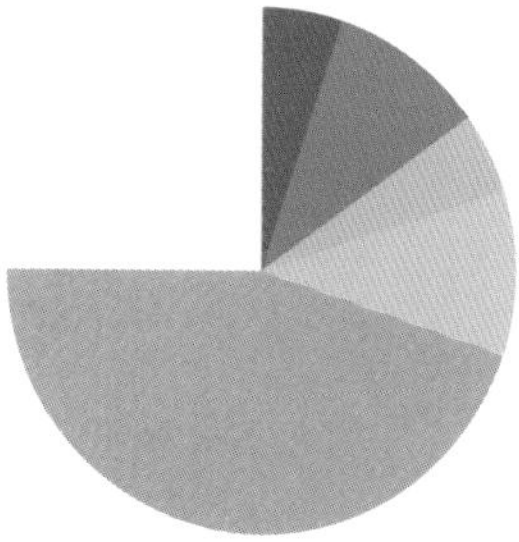

オリジナル

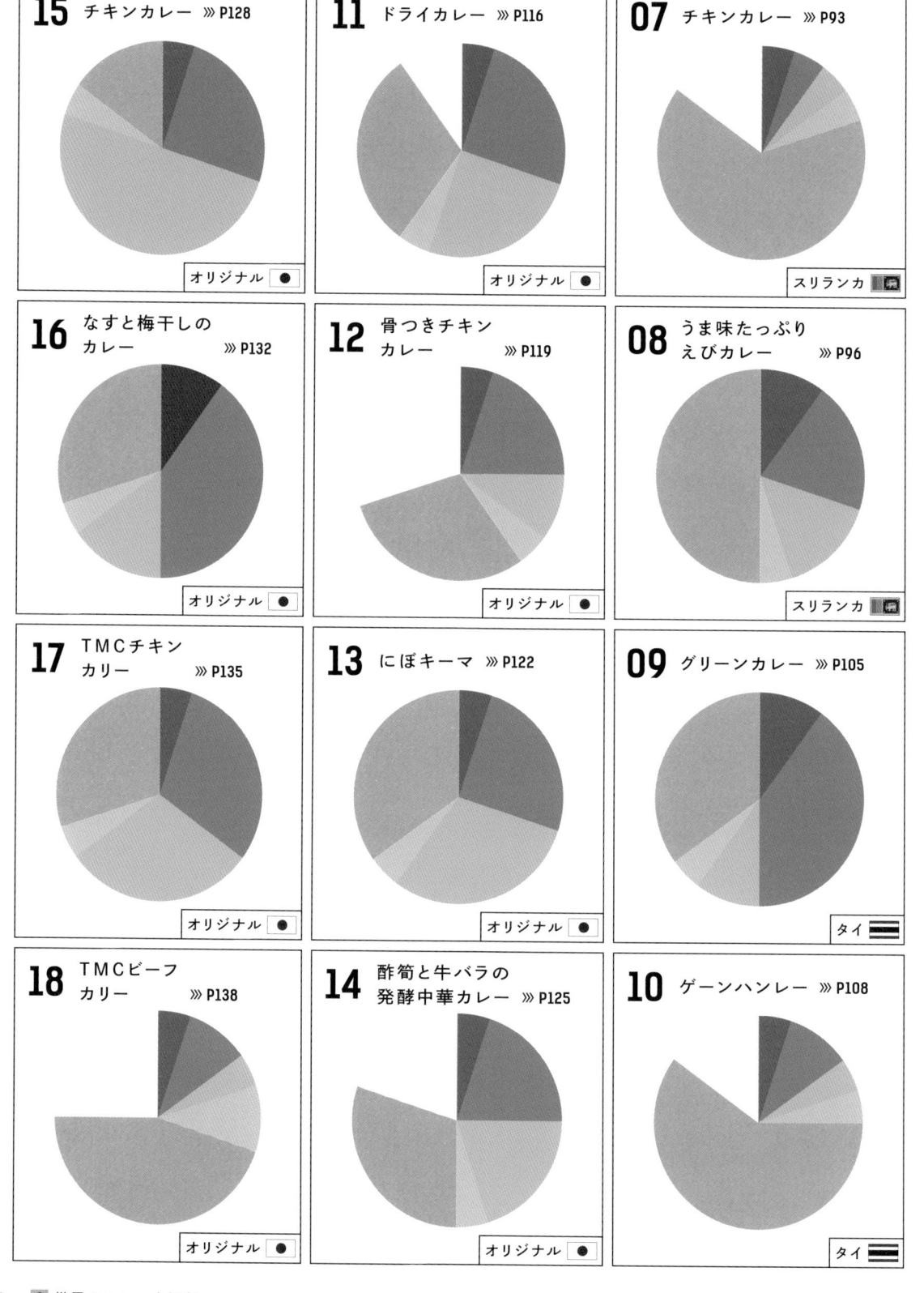

COLUMN

肉のカレー×調理科学

肉とスパイスの相性BEST3

1 シナモン

甘くまろやかな香りに特徴があるが、使う量が多すぎると苦味や雑味が出やすい。インパクトが強い分、肉の風味とよく合う。

2 クローブ

奥深く、どこか薬っぽい香りも強い。消臭効果も期待できるため、クセの強い風味を持つマトンなどと合わせると調和する。

3 グリーンカルダモン

さわやかで気品ある香りが肉と合うのは、香りの力強さに起因する。肉の味わいを深める効果も期待できるため、重宝される。

ガラムマサラに欠かせないスパイスが活躍

肉の特徴は風味が強いこと。独特の香りだけでなく濃い味わいもある。穏やかな香りのスパイスでは負けてしまう。そのため、強く特徴のある香りを持つスパイスが選ばれている。

圧倒的に票を集めたのは、シナモンとクローブ。ほとんどのシェフが「肉に合う」とこれらのスパイスの名を挙げた。肉の風味とバランスがとれるほどの個性を持ちつつ、臭み消しとしての効果も期待できる。

次に多かったグリーンカルダモンを含めた3点セットともいうべきスパイスたちは、インド料理におけるガラムマサラに欠かせない。そういう点でいえば、これら3種のスパイスは、単独で使うよりも組み合わせて使ったほうが、より相性がよくなる可能性は高いといえる。

他に複数の票が集まったのはクミンだけだから、それだけトップ3が顕著に肉と合うといえるのかもしれない。

カレーの名店シェフに聞きました！

Soaltee Mode
Madanさん

1 グリーンカルダモン
2 シナモン
3 クローブ

COMMENT
ネパールでは、ラム肉や鶏肉によく使うのがさわやかで柑橘系と甘い香りが混ざったグリーンカルダモン。シナモンやクローブもよく使います。

Spice Box
斗内暢明さん

1 ブラックペッパー
2 クミン
3 シナモン

COMMENT
肉と相性のよいスパイス1位はブラックペッパー。クミンは甘みと若干の辛味が、シナモンは臭み消しはもちろん、風味に関しても肉に合います。

インド宮廷料理Mashal
岡崎光義さん

1 シナモン（スティック、リーフともに）
2 ビッグカルダモン
3 八角

COMMENT
シナモンの独特の甘い香り、野性的で力強い香りのビッグカルダモン、独特な強くて甘い香りの八角は肉によく合います。

curry shop fennel
加来翔太郎さん

1 クローブ
2 グリーンカルダモン
3 カシア（シナモン）

COMMENT
肉全般ならこの3つが合うと思います。どれも香りがしっかりと強いのが特徴です。豚肉なら八角など、甘い脂と甘い香りが合いますね。

CHOMPOO
森枝 幹さん

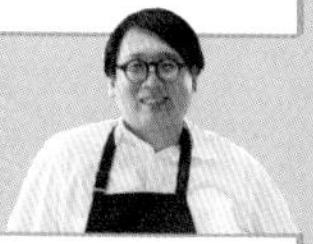

1 ホワイトペッパー
2 にんにく
3 パクチーの根

COMMENT
ホワイトペッパーはタイでもよく使われるスパイスで、ブラックペッパーより辛味がやさしくて豚肉との相性が◎。にんにくやパクチーの根もよく使います。

HOPPERS
伊藤一城さん
マヘシュ・ラサンタさん

1 クローブ
2 グリーンカルダモン
3 シナモン

COMMENT
ピリッと舌がしびれる辛味と苦味が特徴のクローブは肉の臭み消しによく使います。グリーンカルダモンやシナモンも肉の風味に負けない強いスパイス。

TOKYO MIX CURRY
渡邊雅之さん

1 レッドチリ
2 パプリカ
3 クローブ

COMMENT
刺激的な辛さのレッドチリが強い味の肉には合うと思います。タンドリーチキンにも使われるパプリカ、ピリッとしびれる辛さのクローブも合います。

CURRY BAR HENDRIX
若林剛史さん

1 シナモン
2 クローブ
3 メース

COMMENT
鶏肉と羊肉によっても違いますが、肉料理なら、この3つを使うことが多いです。強い味の肉なら八角やカルダモンなども使いますね。

spicy curry魯珈
齋藤絵理さん

1 クミン
2 クローブ
3 シナモン

COMMENT
クミンは肉の臭み消しに。クローブはビターな香りがあるのでクセのある肉に、シナモンは甘みのあるスパイスで、肉のおいしさを底上げします。

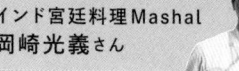

魚介のカレー×調理科学

魚介とスパイスの相性 BEST3

1 フェンネルシード

スッキリと爽快感のある香りが特徴。インド料理では「魚介類に合う」と語られることが多く、魚介特有の臭み消しにも役立つ。

2 マスタードシード

すりつぶして生まれるツンと刺激的な香りも、油で炒めて生まれる香ばしい香りも、魚介の風味をおいしくサポートしてくれる。

3 フェヌグリークシード

加熱することにより、甘い香りが際立つ。香ばしさも併せ持つため、魚介類の幅広い香りとバランスよく調和するのかもしれない。

種を採取したシードスパイスたちがそろい踏み

魚介のカレーは一般的に調理時間が短い。どんな魚介も早く火が通るうえに、加熱時間が長すぎると臭みが出てしまう可能性が高いからだ。そのため、短時間で香りが出やすいスパイスが選ばれることになる。

今回、トップ3がすべてシードスパイス（種の部位）であることはそれと関連性が高いと考えられる。油でさっと炒めるだけで香りは強まり、水分とさっと煮るだけで香りは広まる。魚介の風味と混ざり合う準備はすぐに整うのだ。

マスタードとフェンネルは選ばれた数だけでいえば同じ。魚介料理が比較的多い南インド料理で使われる組み合わせなのも納得できる。

続いて選ばれたフェヌグリークシードは、上位2スパイスと同じく南インド料理で活躍。

他にターメリックやクミンシード、コリアンダーも2票入った。ターメリックは魚介の下準備としてマリネし、臭み消しに使われる。セリ科のスパイスも魚介と相性がいいといえそうだ。

カレーの名店シェフに聞きました！

Soaltee Mode
Madanさん

1 クミン
2 ターメリック
3 カスリメティ

COMMENT
ネパール料理においてクミンは欠かせないスパイス。川魚の臭みを消すのにも◎。魚のスープには仕上げに、カスリメティを加えて。

Spice Box
斗内暢明さん

1 チリパウダー
2 コリアンダー
3 山椒

COMMENT
チリ独特の風味が魚の臭みを抑えます。コリアンダーは魚のよさを邪魔せずに風味を引き出します。山椒は、魚を使ったカレーの仕上げにぜひ。

インド宮廷料理Mashal
岡崎光義さん

1 マスタードシード
2 カスリメティ・フェヌグリーク
3 フェンネル

COMMENT
魚にはピリッと辛いマスタードシードがよく合います。甘い香りのカスリメティやフェヌグリーク、甘くてさわやかな香りのフェンネルもおすすめです。

curry shop fennel
加来翔太郎さん

1 フェヌグリークシード
2 アジョワン
3 コリアンダーシード

COMMENT
フェネグリークは油に移すとメープルシロップのよう。アジョワンはタイムのような感じで青魚に合います。コリアンダーは清涼感があるのでおすすめ。

CHOMPOO
森枝 幹さん

1 クラチャイ
2 クミン
3 ウコン

COMMENT
白身魚と合わせてさわやかさをアップしたいならクラチャイ、梅っぽさがあるクミンも魚に合います。ウコンは魚の臭み消しにおすすめです。

HOPPERS
伊藤一城さん
マヘシュ・ラサンタさん

1 フェンネル
2 フェヌグリーク
3 マスタードシード

COMMENT
魚介には、甘くてさわやかな香りのフェンネルをはじめ、フェヌグリーク、マスタードシードなど魚の風味に寄り添うスパイスが合います。

TOKYO MIX CURRY
渡邊雅之さん

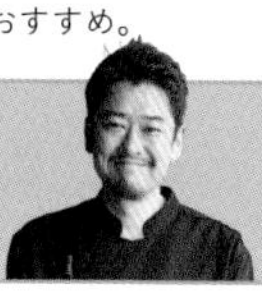

1 グリーンカルダモン
2 マスタードシード
3 フェンネル

COMMENT
柑橘類のようなさわやかな香りのグリーンカルダモンは、魚介との相性がいいと思います。マスタードシードやフェンネルもよく使うスパイスです。

CURRY BAR HENDRIX
若林剛史さん

1 フェンネル（シード）
2 マスタードシード
3 ターメリック

COMMENT
青魚やいかのワタなどの苦味やクセがあるものはフェンネルがよく合います。独特の香りのマスタードシード、苦い風味のターメリックもよく合わせます。

spicy curry魯珈
齋藤絵理さん

1 フェンネル
2 マスタードシード
3 ブラックペッパー

COMMENT
フェンネルは魚介のカレーにほぼ入れています。マスタードシードは独特な香りが魚の臭み消しに。ブラックペッパーはトマトと魚介の相性◎です。

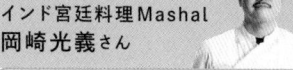

野菜のカレー×調理科学

野菜とスパイスの相性 BEST3

1 クミンシード

ツンと刺激的な香りでオールマイティにどの食材にも合う。そんな中でも「野菜と言えばクミン」と断定できるレベルの人気。

2 ターメリック

土っぽい香りに特徴がある。使用量は少ないが、同じく土から育つ野菜類との相性はいい。ゆでるときの色づけに使われることも。

3 レッドチリ（ホール）

香ばしい香りとしっかりとした辛味。穏やかな野菜の香りにハッキリと強い印象を残す効果アリ。食べ応えもアップする。

カレーによく使われる王道スパイスたち

野菜に合うスパイスとしてダントツのトップに選ばれたのはクミンで8票。2位が3票だから、圧倒的な評価を得ているといえる。根菜でも葉野菜でもさっと炒めるときにひとつだけスパイスを使うとしたら、クミンシードを使う人は多いだろう。

刺激的な香りでありながら、クセはそれほど強くないため、野菜本来の香りを邪魔することなく、うまくバランスがとれるのが特徴だ。

2位のターメリックも、どんな素材にもよく合うスパイスだが、「野菜と合う」という部分で選ばれている。炒めるのにも煮込むのにも適しているが、もしかしたら、豆類との相性や豆をベースとした野菜カレーなどの印象も強いからなのかもしれない。

そのほかにはチリ、コリアンダー、アジョワンが2票を獲得している。コリアンダーはクセがなく、素材を選ばないが、アジョワンの香りはかなり刺激的。使用量を少なくすることで、風味のやさしい野菜類ともバランスがとれそうだ。

カレーの名店シェフに聞きました！

Soaltee Mode
Madanさん

1 クミン
（シード&パウダー）
2 ターメリックパウダー
3 コリアンダーパウダー

COMMENT
ネパールでは、クミンはなくてはならないスパイスで野菜との相性も◎。ターメリックやコリアンダーパウダーはアルチャナやタルカリにも使われます。

Spice Box
斗内暢明さん

1 クミンシード
2 レッドチリホール
3 アジョワン

COMMENT
クミンシード、レッドチリともに、野菜を炒める前のスターター。これらの香りはどの野菜とも合います。アジョワンの独特の風味がアクセントに。

インド宮廷料理Mashal
岡崎光義さん

1 クミンシード
（ほぼマスト）
2 アジョワンシード
3 レッドチリホール

COMMENT
野菜にはクミンシードがマスト。アジョワンシードはタイムやオレガノの香りに似ていて野菜と相性がいい。レッドチリの辛味も◎。

curry shop fennel
加来翔太郎さん

1 クミンシード
2 ディルシード
3 セロリシード

COMMENT
セロリシードはカレー粉を作る人は少し入れていることが多いです。シード系が合うと思います。野菜の炒め物とかでも使います。

CHOMPOO
森枝 幹さん

1 豆豉
2 グリーンカルダモン
3 八角

COMMENT
豆豉を合わせると中華っぽくなり、にんにくと合わせるとおいしい。グリーンカルダモンはしょうがとキャベツの炒め物に、八角の甘い香りも野菜によく合います。

HOPPERS
伊藤一城さん
マヘシュ・ラサンタさん

1 ニゲラ
2 クミン
3 カレーリーフ

COMMENT
スリランカの野菜料理で使われるスパイスは、ニゲラ、クミン、カレーリーフ。野菜の風味を邪魔せず、はっきりと主張するスパイスが合います。

TOKYO MIX CURRY
渡邊雅之さん

1 クミンシード
2 ターメリック
3 コリアンダー

COMMENT
キャベツやにんじんにはクミンシードが合います。柑橘系をきかせたカレーには、ターメリックとコリアンダーを合わせることが多いです。

CURRY BAR HENDRIX
若林剛史さん

1 クミンシード
2 マスタードシード
3 カスリメティ

COMMENT
カリフラワーを炒めるときはクミンシード、野菜の煮込みを作るときはマスタードシード、ブロッコリーを炒めるときはカスリメティなどをよく使います。

spicy curry魯珈
齋藤絵理さん

1 クミン
2 フェヌグリークシード
3 ターメリック

COMMENT
クミンはインドの野菜カレーに合います。フェヌグリークはメープルシロップに似た香りとスイートな甘みで野菜のコクがアップ。

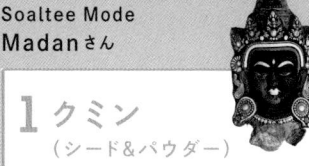

家庭で作る本格カレー

3

2章では、
カレーのおいしさの中身を分解し、
カレーをおいしくするアイテムや
味のベクトルなどを理解し、
世界のスパイスカレーの
おいしさの秘密などを考察してきました。
この章では、その集大成ともいえる
家庭で作る本格カレーを
8品紹介していきます。

カレーの設計・アイテム抽出

原材料を出発点にカレー作りを設計する

カレーを作るときのアプローチは様々です。もっともオーソドックスな手法は、まず、メインの具を何にするかを決めることです。チキンカレーがいいのか、フィッシュカレーかベジタブルカレーか。食べたいものや好きなものを中心において考えるのがわかりやすいと思います。旬の素材を具として採用するのもいいでしょう。

ここからスタートし、引き続き、カレーに使う材料を次々と決めていきます。おいしいカレーにしたいと思ったとき、頼りになるものを思いつくままにざっと挙げ、それを役割ごとにグループ分けします。このときに、味のチャートと香りの分類が役に立ちます。

その後でどういうテクニックを用いるかを考えます。たとえば、濃縮による「濃い味」や玉ねぎを炒めたときの「甘い味」、メイラード反応による「香り」などは、材料よりも調理プロセス（テクニック）による部分が大きいため、後半でどうするかを検討します。

本書では、8種類のカレーを作ることに決めました。メインの具をできるだけバラエティ豊かにしたうえで、頼れるアイテムを洗い出して整理してみました。ここからバランスを考えながら組み合わせていきます。

メインの具

1 ひき肉
2 骨つきチキン
3 チキン
4 ラム肉
5 豆
6 野菜
7 魚介類
8 えび

B 強い味

油
塩

C 甘い味

＊乳製品／他
バター
生クリーム
ヨーグルト
チーズ
ココナッツミルク
＊糖分
砂糖類
はちみつ
ジャム、チャツネ
チョコレート
炒め玉ねぎ

D 深い味

＊だし
スープストック
干しえび
昆布
トマト
＊発酵調味料
しょうゆ
ナンプラー
塩麹
みりん
豆板醤

E 香り・風味

＊風味類
ワイン
梅酒
日本酒
にんにく
ナッツ類
＊スパイス
スパイス

カレーの設計図

具とその他の材料の組み合わせを決めるときには、「相性」と「アイテム数」を考慮します。相性は作り手の好みで大丈夫です。アイテム数は、材料過多になると味も香りも複雑化しすぎるため、今回は、各カレーごとに3〜6アイテム（スパイスを除く）を選択することにしました。

※濃縮の度合いは、100ｇを50ｇに濃縮したら、２倍濃縮で、数値が大きいほど濃度の度合いが大きいことを意味します。
※×、△、○、◎は相対的な量を表しています。

			1 キーマカレー	2 骨つきチキンカレー	3 チキンカレー	4 ラムカレー	5 豆カレー	6 ベジタブルカレー	7 サーモンカレー	8 えびつみれカレー
A	濃い味	濃縮の度合い（倍）	1.4	1.8	1.8	1.2	1.2	1.4	1.3	1
B	強い味	★油	△	△	◎	◎	×	◎	○	△
		★塩	△	○	○	○	○	△	△	×
C	甘い味 乳製品/他 糖分	バター					●			
		生クリーム					●			
		ヨーグルト						●		
		チーズ							●	
		ココナッツミルク								●
		砂糖類								●
		はちみつ				●				
		ジャム、チャツネ			●					
		チョコレート				●				
		炒め玉ねぎ	●	●	●	●	●	●		
D	深い味 だし 発酵調味料	スープストック		●						
		干しえび		●						
		昆布	●							
		トマト	●		●	●	●	●	●	
		しょうゆ		●						
		ナンプラー								●
		塩麹							●	
		みりん						●		
		豆板醤	●							
E	香り・風味 風味類 スパイス テクニック	ワイン				●				
		梅酒	●							
		日本酒			●					
		にんにく	●	●			●	●	●	
		ナッツ類							●	
		スパイス	●	●	●	●	●	●	●	●
		メイラード反応	○	△	◎	◎	△	△	◎	△

レーダーチャート

カレーを作りましょう。好みに合わせてアレンジすることも可能です。

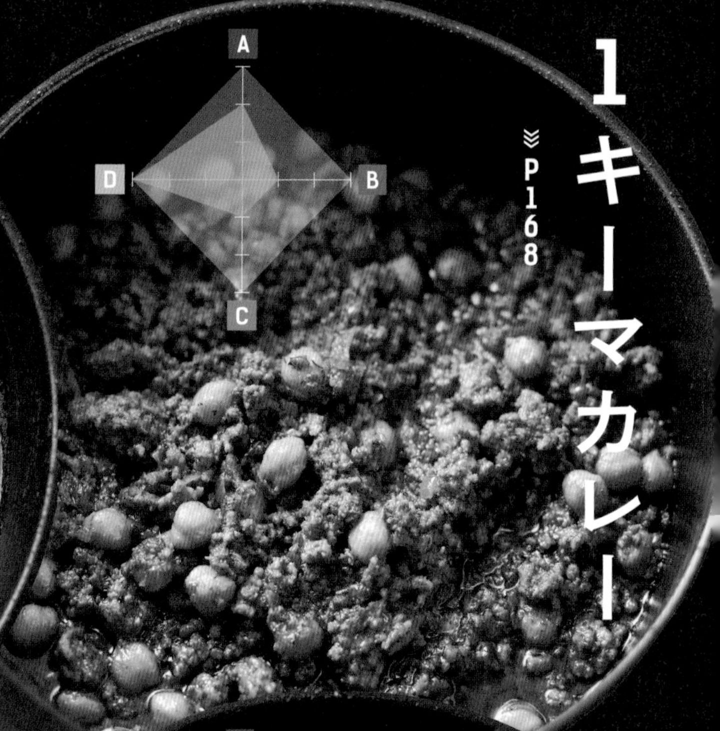

1 キーマカレー
≫P168

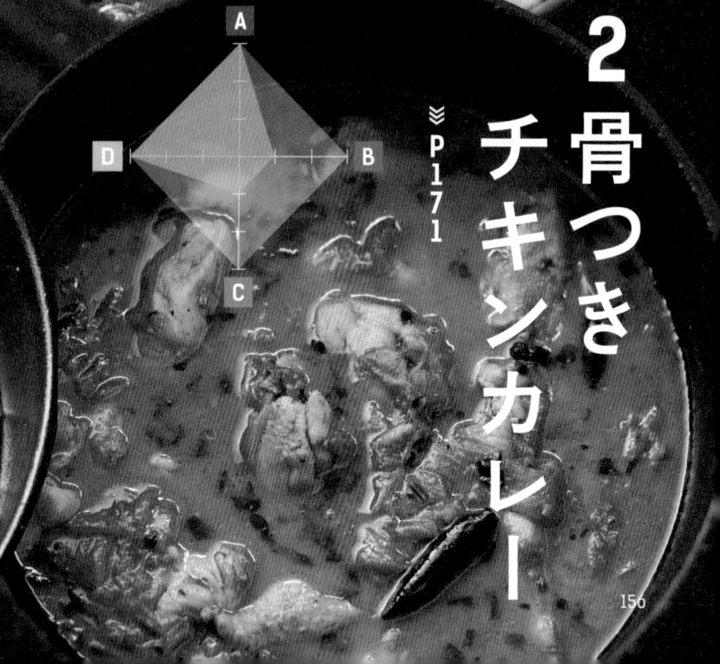

2 骨つきチキンカレー
≫P171

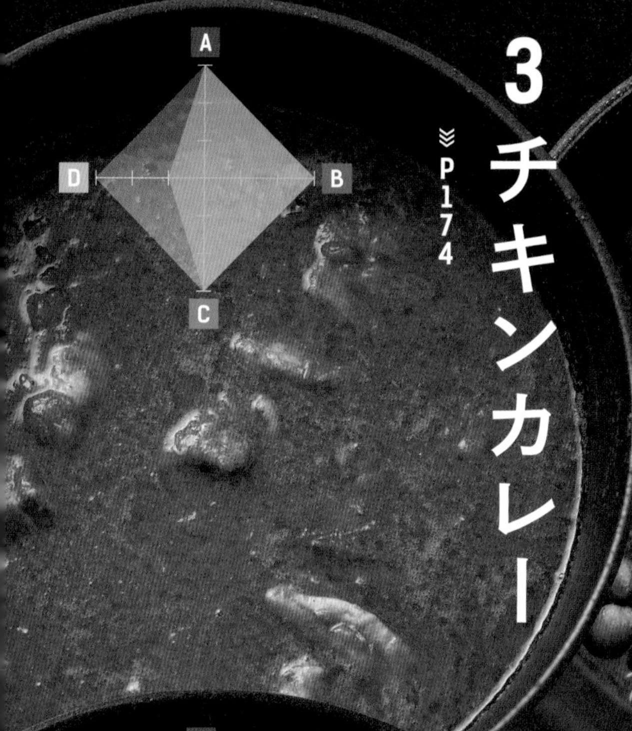

3 チキンカレー
≫P174

4 ラムカレー
≫P177

8種類のカレーと

おいしい味を生み出すアイテムを味方につけて、自分だけのオリジナル

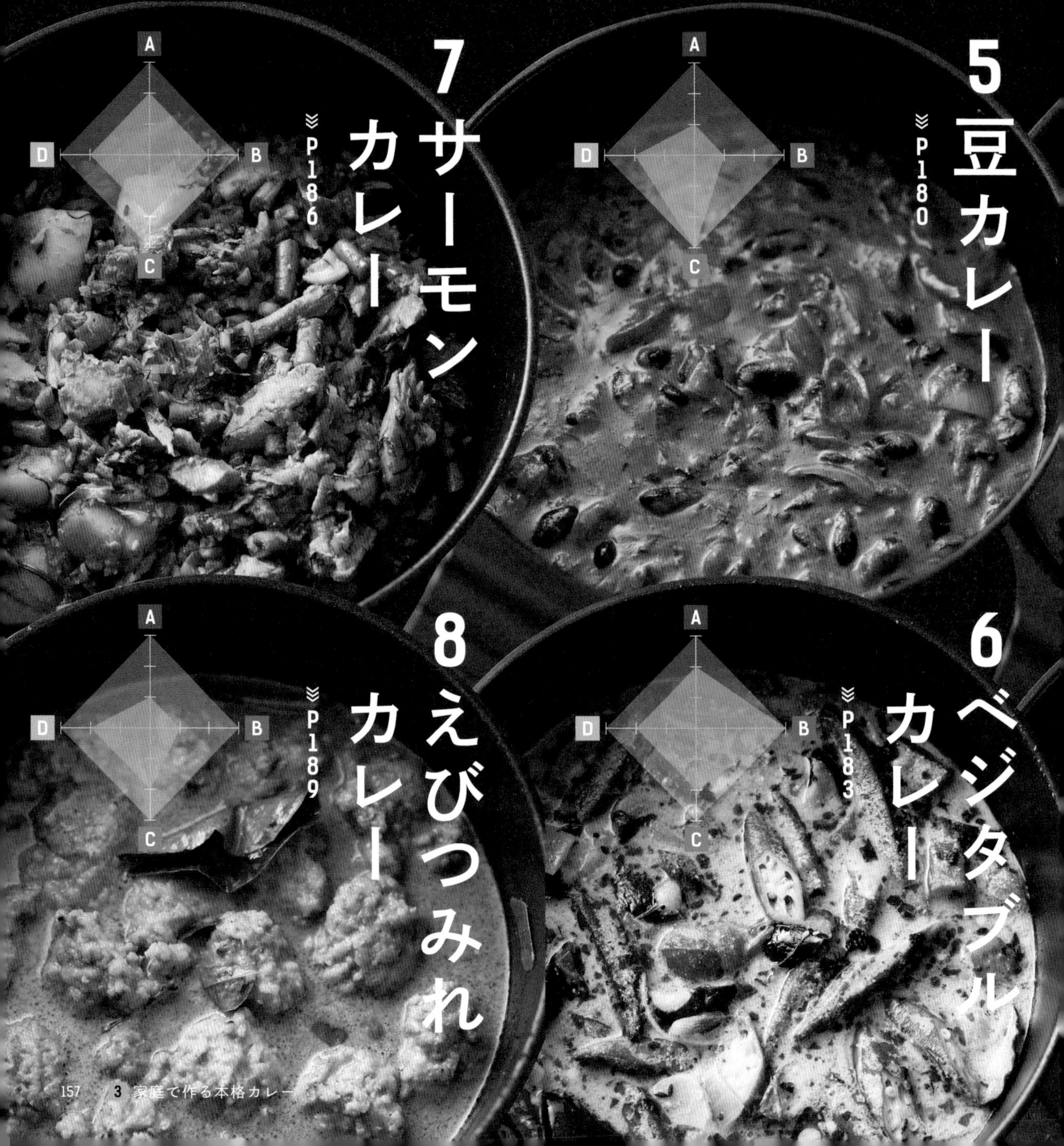

ゴールデンルールをベースにカレー作りの手順を決める

材料がそろったら、作り方の手順を決めます。そのときに参考になるのが、ゴールデンルールです。あるカレーを作るときに使う材料を鍋に投入する順番を決めていきます。「前半に炒め、後半に煮る」という大まかな流れと7つのステップごとに設定された狙いと照らし合わせながら、材料を置いていくイメージです

1 はじめの香り

素材
油
主にホールスパイス

B 強い味
E 香り・風味

2 ベースの風味

素材
炒め玉ねぎ
にんにく
しょうが

C 甘い味
E 香り・風味

3 うま味

素材
トマト
ヨーグルト

C 甘い味
D 深い味

4 中心の香り

素材
塩
主にパウダースパイス

B 強い味
E 香り・風味

5 水分

素材
水
ワイン
梅酒
日本酒
スープストック
干しえび
昆布
ココナッツミルク
生クリーム

C 甘い味
D 深い味
E 香り・風味

6 具・隠し味

素材
肉類
魚介類
野菜
砂糖類
はちみつ
ジャム
チャツネ
チョコレート
チーズ
バター
ナッツ類

C 甘い味
D 深い味
E 香り・風味

7 仕上げの香り

素材
主にフレッシュスパイス（ハーブ）

E 香り・風味

1 はじめの香り

油 主にホールスパイス

最後まで穏やかに続く香りを生む

スパイスを使ってカレーを作るときに、はじめに油でホールスパイスを炒めるのは、常套手段《じょうとう》のようになっています。「スタータースパイス」と呼ばれることもあるこれらのスパイスは、火が通りにくいものが多いため、油で炒めることによって香りの出やすい状態を作っておくのがおすすめです。香りを油に移すという側面もなくはありませんが、カレーを作る場合、はじめに加えたホールスパイスは後半の煮込みも含めて最後まで香りが出続けるため、香りを移すよりも香りを出しやすくする意味が大きくなります。一方で油は鍋の中を高温にする役割もあり、温度が高まりすぎるとスパイスそのものの香り（香気成分による）よりもメイラード反応の香り（香ばしさ）が際立ってくる可能性も高いため、加熱の具合には配慮が必要です。どのスパイスをどの程度加熱するかはスパイスごとに違いますが、それよりもホールスパイスを選択するときに必要な観点は、「食べるか食べないか」です。いずれにしてもホールスパイスの香りは穏やかに出続けます。

食べるホールスパイス

主にシード系のスパイス。口の中に入ったときに噛んで香りが弾ける可能性がある。

例 クミンシード、マスタードシード、フェヌグリークシードなど

食べないホールスパイス

主にシード系以外のスパイス。口に運ぶ前に見つけたら取り除くことが多いため、シード系のスパイスよりも香りは穏やかになりやすい。

例 グリーンカルダモン、クローブ、シナモンなど

2 ベースの風味

炒め玉ねぎ　にんにく　しょうが

カレーの土台となる風味を生む

カレー作りにおける「玉ねぎ炒め」は誰もが高い関心を持つプロセスです。同時に「にんにく・しょうが炒め」も行われることが一般的です。

にんにくとしょうがは風味を生み、玉ねぎは風味だけでなく、甘みやうま味を抽出することもできます。

実は、玉ねぎは生の状態でも加熱後でも糖度は変わりません。ただ、加熱することによって本来、玉ねぎが持っている辛味や苦味などの味わいが減少するため、相対的に甘みだけが引き立って感じられる効果があります。さらに色づくまで炒めるとメイラード反応による香ばしい香りが甘みをより深める効果があります。

以上の効果から、「香り」と「甘い味」が生まれ、カレーのおいしさの土台としての役割を果たします。また、玉ねぎをどう切ってどう炒めるかに関心の高い人も多いでしょう。下記で簡単に解説しておきます。レシピを参考にするだけでなく、どう切って、どう加熱するのかについて、どんな味わいで、どんな見た目に仕上げたいか、具体的な意図を持てるようになるといいでしょう。

どう切るか？

大きく切る場合

玉ねぎの味わい（主に甘みや玉ねぎらしい味、うま味）を際立たせたい場合は、四つ割りやくし形切りなど、大きく切るといいでしょう。

細かく切る場合

玉ねぎの香り（香ばしさなど含め）を際立たせたい場合は、みじん切りやスライスなど細かく切るといいでしょう。

どう炒めるか？

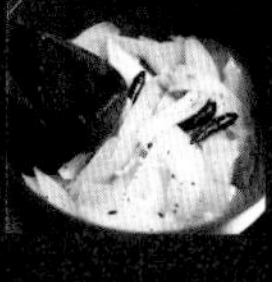

あまり色づけない

弱火、または短時間で玉ねぎを炒めるとメイラード反応による香りは強くは出ません。甘みや香味は引き立ちにくくなりますが、さっぱりとした味わいになります。

しっかり色づける

強火、または長時間で玉ねぎを炒めるとメイラード反応による香りは強く出ます。甘みや香味は引き立ちやすくなります。

ゴールデンルール

3 うま味

トマト　ヨーグルト

うま味でおいしさをわかりやすく

トマトベースのカレーは人気があり、よく作られています。カレーを作るときに「トマトを使うか使わないか」を先に決めることで、味の方向性を決める場合もよくあります。基本的には、炒めることで脱水・濃縮し、うま味を顕在化《けんざいか》させる方法です。トマトのアイテムは、非加熱の生トマトや加熱済みのホールトマト、カットトマトなど（P35参照）多岐にわたりますが、原材料とするトマトの品種や濃縮の度合いなどによって選びます。トマトを使う場合、グルタミン酸のうま味が加わるため「深い味」に分類されます。

一方、ヨーグルトも人気があります。ただ、ヨーグルトの場合、強い火力で加熱すると分離することもあるため、このタイミングでしっかり炒めることもありますし、混ぜ合わせるだけにすることもあります。ヨーグルトを使う場合、乳製品のコクが入るため「甘い味」に分類されます。

うま味の出る調味料的なものを使うこともありますが、このプロセスではあくまでも「加えて炒めながら脱水する」ことを目的とするため、単に加えるだけであれば、ゴールデンルール5や6で加えることもあります。他には、このプロセス自体を省略する方法もあります。うま味の素は主にアミノ酸、中でも中心はグルタミン酸であり、それを補強する役割としてイノシン酸、グアニル酸などがあります。それらは別の素材からも抽出されますので、このタイミングでうま味をプラスすることが必須ではありません。

グルタミン酸を含む素材

トマト、玉ねぎ、昆布、チーズ、しょうゆ、みそ　など

イノシン酸を含む素材

鶏肉、牛肉、豚肉、かつお節　など

グアニル酸を含む素材

干ししいたけをはじめ、乾燥きのこ類　など

4 中心の香り

塩　主にパウダースパイス

カレーの正体を決める印象深い香り

カレーの香りで最も影響力を持つのは、プロセスの真ん中部分で加えるパウダースパイスです。粉状のスパイスは、短時間で強い香りを放ちます。炒めることで温度上昇による香りの増幅と、油に成分が定着することによって持続力を持つため、このタイミングで加えた香りはカレーの正体を決め、個性を印象づける役割を持っています。

その反面、粉状のために焦げやすい弱点もあります。鍋の中の温度が上がっていたり、手前のプロセスでかなり強い火が入っていたりする場合は、火を弱めて加え、混ぜ合わせる程度でも十分に香りが生まれます。また、意図的に強い火を入れてローステッドな香りやスモーキーな香りを生み出す方法もあります。この場合は、焦げないようにギリギリまで火入れするテクニックが必要とされます。

パウダースパイスとともに塩を加える意味については、まだ解明されていません。香りや辛味が引き立つという説もありますが、定かではありません。ただ、塩は素材の持ち味を引き出す役割を持っているため「スパイスとともに加えること」よりも「調理の途中で加えること」に意味があります。

塩を強めに加えると「強い味」が際立ちます。油と同じように「味をブーストさせる」という役割を持っているため、強力な武器になりますが、入れすぎると後から調整できなくなるので慎重に加えましょう。

カレーによく使われるスパイスには個性的なものが多いため、香りの方向性をおおまかに把握しておくと配合時に役立ちます。スパイスの香りは大きく6つの方向性に分類して捉えてみましょう。

SHARP	EARTHY	MELLOW
刺激的な香り	土っぽい香り	まろやかな香り
クミンシード、ブラックペッパー　など	ターメリック　など	シナモン、フェヌグリーク　など

ELEGANT	DEEP	ROASTED
華やかな香り	奥深い香り	香ばしい香り
グリーンカルダモン、コリアンダー　など	八角、クローブ　など	レッドチリ、パプリカ　など

スパイスの配合バランスは視覚的に捉える

パウダースパイスを配合するときには、基本的な「型」があります。これを覚えておけば失敗することなく、イメージに近い配合ができるようになります。それをスパイスメソッドと呼んでいます。正方形の面積を分割することで配合比率を視覚的に捉えるものです。イメージ的には正方形のボックスにパズルのピースを埋めていきます。

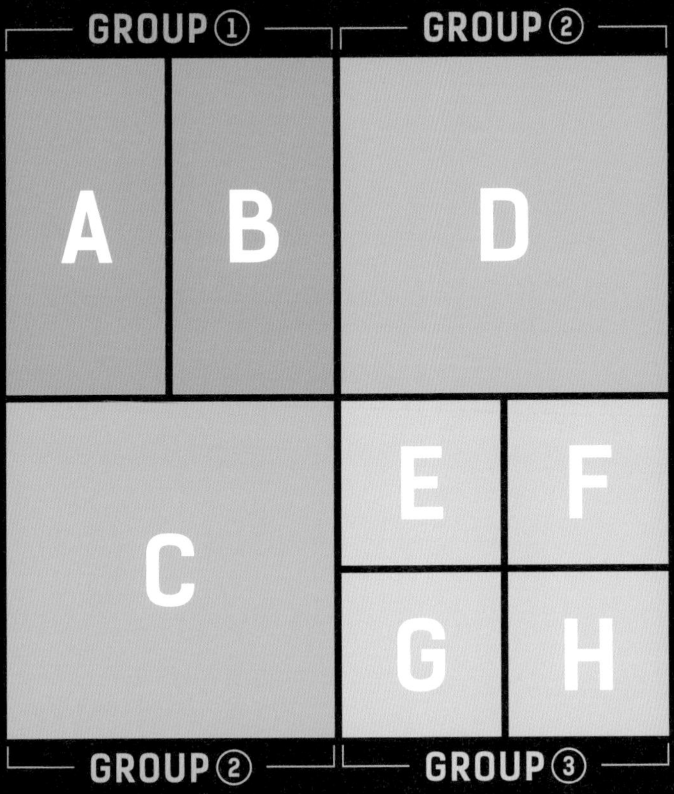

バランスよくスパイスを配合してカレーの香りを生み出すなら、GROUP①を少量で組み合わせ、GROUP②を多めに組み合わせます。この4種のスパイスが基本と考えておくとよいでしょう。残りはGROUP③のスパイスの中から適当に4つ選んで加えていくイメージがおすすめです。

GROUP①

A ターメリック……小さじ1
カレーの土台となる香り。小さじ1/2〜1程度でよい。

B パプリカ（またはレッドチリ）……小さじ1
辛くてもよければレッドチリ、苦手ならパプリカ。混合しても。

GROUP②

C コリアンダー……小さじ2
調和のスパイス。多めに加えればバランスがとれる。

D クミン……小さじ2
インド料理っぽい要素を加えたいときには重要。

GROUP③

E F G H 下記の中から4つ選ぶ……小さじ1/2×4

ブラックペッパー
世界で最も重宝されているスパイス。

フェヌグリーク
日本のカレー粉には意外と多く配合されている。

ガラムマサラ
10種類近くのスパイスを配合したミックススパイス。

グリーンカルダモン
スパイスの女王と呼ばれ、エレガントな香り。

フェンネル
さわやかだが少しクセもある香りのスパイス。

5 水分

水 ワイン 梅酒 日本酒 スープストック
干しえび 昆布 ココナッツミルク 生クリーム

水分が入ればカレーは調和する

前半で炒め、後半で煮込むのが基本的なカレーの作り方です。この前半と後半のプロセスを分けるのが「水」の存在。最初に油が入って炒めるプロセスが始まり、水が入った段階で煮る、煮込むに変わるからです。水分の役割は、抽出と調和です。鍋の中にある素材の味や香りを引き出し、それらを均一にします。

抽出でわかりやすいのは肉の煮込みです。煮込むにつれて肉がやわらかくなり、その味はソース（スープ）に出ていきます。鶏がらスープをとるときなども、がらの味わいを抽出してくれるのは水の存在です。

調和も同時に進行します。たとえば、炒めているときにこんがりと色づいた玉ねぎと、まだ白っぽい玉ねぎが混在しているとします。水が加わるとそれらが同じ程度になります。脱水が進んでつぶれているものと形が残っているものも同じような状態になるのです。たとえば鍋の中にある素材がバラバラに存在していたり、部分的に味や香りにムラがある場合も、水を加えて全体を混ぜ合わせ、コトコトと煮始めると鍋の中の味わいは均一になります。こうやって調和をとるのが水の役割です。このプロセスで投入されるのは水だけでなく、その他の水分の場合もあります。それぞれに味や風味を持っています。作りたいカレーに合わせて選択するといいでしょう。

ワイン
強めの酸味と風味

E 香り・風味

梅酒
甘みと酸味、梅ならではの風味

C 甘い味
E 香り・風味

日本酒
独特の風味とまろやかな味わい

E 香り・風味

スープストック
チキンブイヨンやベジタブルブイヨン

D 深い味

干しえび
甲殻類ならではのおいしさ

D 深い味

昆布
グルタミン酸のうま味を多く含むだし

D 深い味

ココナッツミルク
油分を含むため、まろやかな味

C 甘い味

生クリーム
乳製品ならではの濃厚なコク

C 甘い味

6 具・隠し味

肉類 魚介類 野菜 砂糖 はちみつ ジャム

チャツネ チョコレート チーズ バター ナッツ類

カレーの主役となる具 脇役となる隠し味

スパイスは素材の持ち味を引き出すための香りづけに使われます。カレーにおいてスパイスが主役になるという考え方はマイナーです。スパイスそのものを存分に楽しむようなカレーもありますが、あくまでもスパイスは脇役。主役であるメインの具をどうおいしくするか、を考えて選び、使われるものです。

具を何にするのかが決まれば、まわりを固める配役が決まります。肉のカレーなのか、魚介類のカレーなのか、野菜のカレーなのかによって、調理方法やスパイスの配合も変わるのです。

このタイミングで具と一緒に加えるケースが多いのは、隠し味です。極端にいえば、ありとあらゆる素材がカレーの隠し味となります。それぞれに個性的ですが、控えめに使うのがポイント。完成したカレーを食べたときに何が入っているかわからない、という状態を作るイメージで使ってみてください。

C 甘い味

糖分

砂糖類／隠し味として甘みを加える手法は、カレーに限らず、世界中で用いられ、インドやタイのカレーも例外ではない。

はちみつ／甘みだけでなく風味も加わる。

ジャム／いちごジャムは風味が合わないので不向き。ブルーベリージャム、マーマレードなどは相性が◎。

チャツネ／マンゴーチャツネなどフルーツの風味が入る。出来上がった料理の脇に添えるか、煮込みに加える。

チョコレート／カカオの風味や甘み、苦味などが加わる。全体的に風味と色合いに深みを増したいときに有効。

乳製品

チーズ／カレーのトッピングとして非常に人気があるアイテム。チーズのタイプが様々で、コクと風味づけに。

バター／カレーに深いコクを与え、おいしさがわかりやすく増幅する。使いすぎるとしつこい味になる可能性も。

E 香り・風味

ナッツ類／「隠し味」というよりも「隠し香り」。ピーナッツやカシューナッツなど、細かく砕いて加えると風味とコクが増す。

7 仕上げの香り

主にフレッシュスパイス（ハーブ）

印象的深く香り、すっと消えていく

ゴールデンルールで香りを加えるタイミングは3カ所です。7つのステップのうち、❶と❹と❼。❶が「はじめの香り」、❹が「中心の香り」、そして、❼は最後なので「仕上げの香り」です。

火の通りにくいものから火の通りやすいものの順で加えて加熱するという料理の鉄則を考慮すれば、はじめにホールスパイスを入れ、中心でパウダースパイスを入れ、仕上げにフレッシュスパイスを加えるのは必然的です。フレッシュスパイスはそのままで食べることもできるハーブなどがメインになります。カレーに加える香りは、加えた順序と逆の順序で食べたときに感じます。これは香水における香りをノートで分類した「BASEノート→MIDDLEノート→TOPノート」と同じように捉えるとわかりやすいです。

また仕上げに加える香りは、フレッシュスパイス（ハーブ）だけではありません。仕上げでホールスパイスやパウダースパイスを加える場合もあります。

パウダースパイスを加える場合で最もメジャーなのは、ガラムマサラです。その他、オリジナルで配合したミックススパイスを加えることもあります。いずれにしてもスパイスの香気成分は油脂分に定着する性質があるため、煮込みの途中や仕上げに加えるときには、鍋の中の油脂分になじませる感覚があるといいでしょう。そうすれば、粉っぽさもなくなります。ホールスパイスを仕上げに加えたいときにはテンパリング（P26参照）という特殊な手法を使います。ホールスパイスは香りが出にくいため、別のフライパンなどで油と一緒に炒めるなどしてから加えて混ぜ合わせます。

TOP 仕上げの香り

食べ始めにパッと印象的に香り、早い段階で消えていきます。

MIDDLE 中心の香り

食べ始めから終わりまでずっと感じる香り。最も強く印象を残します。

BASE はじめの香り

あまり強くは感じないが、食べ進めていくとじわじわと感じます。

1 キーマカレー

牛肉と豚肉の脂が合わさったうま味をダイレクトに味わえるキーマカレーに、昆布だしを使うことでごはんとの相性をよりよく仕上げました。日本の食卓になじみやすいスパイスカレーです。

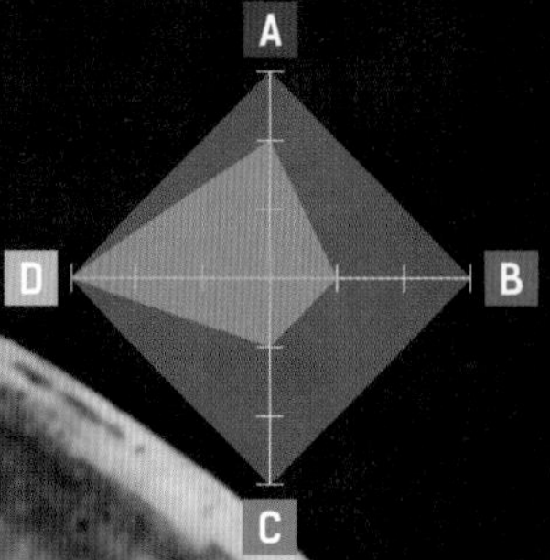

昆布だしと濃縮の度合いで深くて濃厚な味わいに

合いびき肉自体が持つ脂があるので、油を少なめに使い、昆布だしでグルタミン酸のうま味を感じさせ、豆板醤の独特の風味と辛味を加えています。玉ねぎはきつね色ぐらいの炒め具合にしてメイラード反応はほどほどに、その後しっかりと脱水させ、濃縮の度合いを上げて味の濃さをプラス。仕上げのマサラを加えることで、一番最初に独特な燻製香と甘くてスパイシーな香りを印象的に、徐々にパウダースパイスやホールスパイスの香りの余韻を味わえるカレーです。

Memo カスリメティは乾煎りしてもむと香り高く

フェヌグリークの葉を乾燥させたもの。もし、葉の状態のものを手に入れることができたら、強火で乾煎りして湿気を飛ばしましょう。そのあとに手でもむと香りがよくなります。

出来上がり量 **1000g**

材料（4人分）

合いびき肉	600g
ひよこ豆（水煮）	150g
玉ねぎ（みじん切り）	1個分（250g）
トマト缶（カット）	200g
にんにく（すりおろし）	1かけ分
しょうが（すりおろし）	1かけ分
梅酒	100mℓ
昆布だし	
昆布	1枚（10g）
水	200mℓ
＊ホールスパイス	
グリーンカルダモン	4粒
ビッグカルダモン	1粒
クローブ	3粒
パウダースパイス	
コリアンダーパウダー	大さじ1
レッドチリパウダー	小さじ1
ターメリックパウダー	小さじ1/2
仕上げのマサラ	
ローストクミンパウダー	小さじ2
カスリメティパウダー	小さじ1
ブラックペッパーパウダー	小さじ1
豆板醤	小さじ1
植物油	大さじ3

下ごしらえ

・昆布だしをとっておく。
・にんにくとしょうがを50mℓの水（分量外）で溶き、GGジュースにしておく。すりおろしのままだと「ダマ」になりやすいので、ジュースにすることでムラなく加熱することができる。

作り方

1 鍋に植物油を中火で熱し、ホールスパイスを入れ、鍋を傾けて油に浸すように炒める。カルダモンは飛び出すことがあるので注意する。

2 玉ねぎを加えてきつね色になるまで炒める。あまりいじらずに水分を飛ばし、ときどき混ぜ合わせてなじませていくイメージで炒めていく。

3 GGジュースを加えて炒め、トマトを缶汁ごと加え、3～4分炒め合わせる。

4 木べらで鍋底に道を作るようにして、両サイドから水が流れてこない状態（カレーロード）ができるまで水分を飛ばす。

5 ひき肉を加えて全体をよく混ぜ、蓋をして中火で3分ほど蒸すように煮る。

6 蓋を開け、水分を飛ばすように混ぜ合わせる。

7 豆を加えて混ぜ合わせ、梅酒を加えて煮立て、昆布だしを加えてさらに煮立てる。

8 パウダースパイスと豆板醤を加えて混ぜ合わせる。

9 蓋をして弱火で10分ほど煮る。

10 仕上げのマサラを加えて混ぜ合わせる。スパイスは出来上がる直前にかけるほど香りがよくなる。

11 強めの中火で混ぜながら水分を飛ばす。味見をしてみて、必要なら塩適量（分量外）で味をととのえる。

Finish

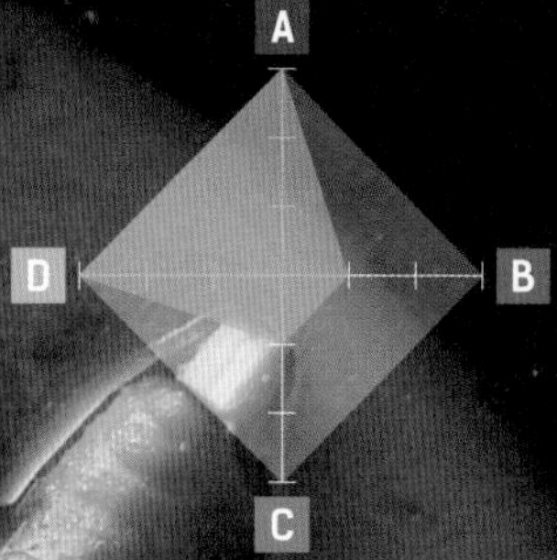

2 骨つきチキンカレー

鶏肉はうま味がたっぷりでクセがないから、スパイスの味わいをシンプルに楽しめます。丸鶏を使ってだしを最大限に引き出して、ゴロゴロと入った鶏肉で大満足のカレーに。

鶏がらでとっただしのうま味が深いカレー

丸鶏1羽をさばき、残ったがらでとったチキンブイヨンが味のベース。ブイヨンには、甲殻類特有の風味を持つ干しえびを加えてグルタミン酸のうま味をプラス。ホールスパイスの辛味と甘い香りを引き出し、鶏肉の焼き色はあまりつけずに、黄色く色づけるためのターメリック、甘い香りのフェヌグリーク、チャットマサラなどで香りにアクセントを加えます。しょうゆを加えたのち、液量を半分ぐらいになるまで煮詰めれば、うま味が濃くて深い味わいのカレーに。

出来上がり量 **1000g**

材料（4人分）

丸鶏……700ｇ
玉ねぎ（くし形切り）……大１個分（300ｇ）
しょうゆ……大さじ２
チキンブイヨン（700㎖を使用）
　長ねぎ（青い部分）……１本分
　玉ねぎ（皮と芯）……１個分
　にんにく（皮ごとつぶす）……３かけ
　しょうが（皮ごとつぶす）……３かけ
　干しえび（または桜えび）……少々
　塩……小さじ1/2
＊ホールスパイス
　レッドチリ（種を取る）……４本
　フェヌグリークシード……小さじ1/2
パウダースパイス
　コリアンダーパウダー……大さじ１
　クミンパウダー……小さじ２
　チャットマサラ……小さじ２
　ターメリックパウダー……小さじ１
　フェヌグリークパウダー……小さじ1/2
ハーブ
　香菜（みじん切り）……１本分
植物油……大さじ１

下ごしらえ

・丸鶏をさばいて食べやすいサイズに切る。または水炊き用の骨つきのものを用意する。
・チキンブイヨンをとる。鍋にさばいたあとのがらとたっぷりの水（分量外）を入れて煮立て、あくを取る。チキンブイヨン用の材料を加え、強火のまま蓋をして90分ほど煮る。水分が足りなくなったら、水適宜を加えながら煮る。

作り方

1 鍋に植物油を中火で熱し、ホールスパイスを入れ、鍋を傾けて油に浸すようにしながら加熱する。シャーという音が鳴りはじめる。

2 火が入りはじめるとジュクジュク、パチパチという音が鳴り出す。スパイスが両方とも真っ黒になるまで炒める。

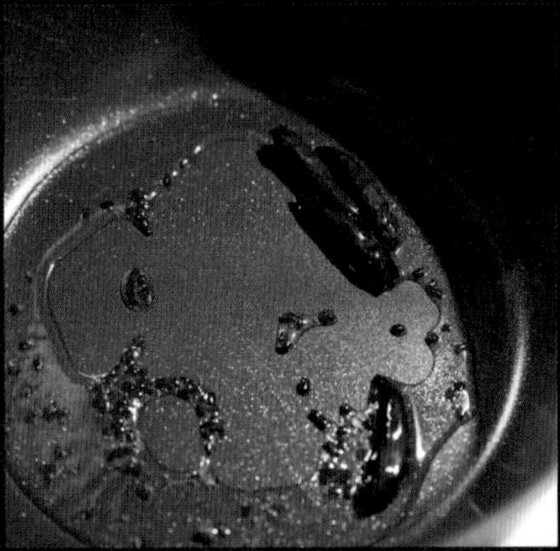

3 玉ねぎをほぐしながら加え、ざっと混ぜ合わせる。玉ねぎはほぐしてから入れることで火が通りやすくなる。

4 150㎖ほどの水（分量外）を加え、蓋をして強火で5分ほど蒸し煮にする。玉ねぎは大きく切ったほうがうま味が出やすい。

5 蓋を開けて混ぜ合わせながら水分を飛ばす。完全に水分がなくなるまで炒める。

6 鶏肉を加え、表面全体にピンク色がなくなって白っぽくなるまで焼きつけるイメージで炒める。少し動かして身が離れたら火が入っている証拠。

7 弱火にし、パウダースパイスを加えてさっと炒める。照りが出ているところは脂の部分なので、そこにスパイスをからめるイメージ。

8 スパイスがしっとりしてきて、全体になじんできたら、半量のブイヨンを注いで強火で煮立てる。半量を加える理由は、全量入れると煮立つまでに時間がかかるため。

9 しょうゆと残りのブイヨンを加えて再び煮立てる。

10 強めの中火くらいの火加減にし、蓋をせずに30分ほどグツグツと煮る。

11 このぐらいが煮上がりの目安。香菜を加え、ほどよいとろみになるまで煮る。

3 チキンカレー

パウダースパイスだけで作るから、手軽に挑戦できるスパイスカレーです。ジューシーでやわらかい鶏もも肉と、トマトの酸味のベーシックな味わいがいつでも飽きない味わいです。

玉ねぎをたっぷり使うベーシックなカレー

「濃い味」「強い味」「甘い味」の3拍子が揃ったカレーです。使う食材もシンプルに、パウダースパイスのみを使うので初心者にもおすすめ。鶏もも肉をしっかりと脱水させ、うま味を凝縮させたり、玉ねぎをたっぷり使いながら、濃いきつね色になるまで炒めることで脱水＆メイラード反応を起こさせ、玉ねぎ本来の甘みと香ばしい香りをつけます。油と塩は多めに使ってガツンとした強い味に、柑橘系のマーマレードを使い、甘みと酸味を加えてさわやかに。

出来上がり量 **1000g**

材料（４人分）

- 鶏もも肉……500ｇ
- 玉ねぎ（みじん切り）……大2個分（600ｇ）
- トマト（ざく切り）……大2個分（400ｇ）
- マーマレード……大さじ２
- 日本酒……100mℓ
- 水……200mℓ
- **パウダースパイス**
  - コリアンダーパウダー……大さじ１
  - クミンパウダー……小さじ２
  - グリーンカルダモンパウダー……小さじ１
  - パプリカパウダー……小さじ１
  - ターメリックパウダー……小さじ１
- 塩……小さじ１
- 植物油……100mℓ

下ごしらえ

鶏肉は一口大に切る。フライパンを強火で熱し、皮目から焼き、全体がこんがり色づくまで焼いておく。焦げつきやすい場合は植物油少々（分量外）を使う。

作り方

1 鍋に植物油を強火から強めの中火で熱し、玉ねぎを入れて濃いきつね色（たぬき色）になるまで20分ほど炒める。

2 トマトを加えて水分が完全に飛ぶまで中火で10分ほど炒める。

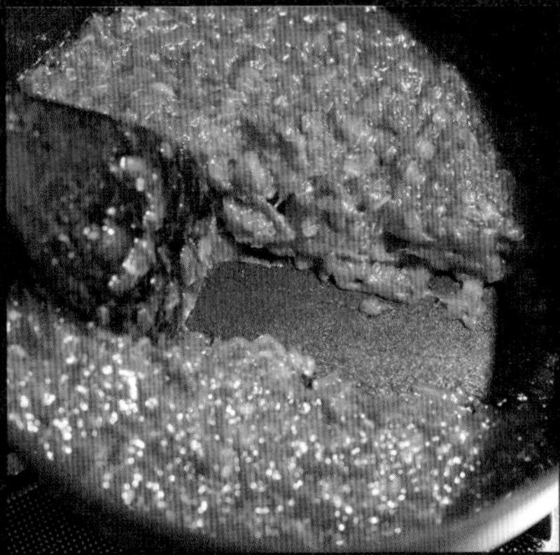

3 木べらで鍋底に道を作るようにして、両サイドから水が流れてこない状態（カレーロード）まで炒めるとトマトのうま味が濃縮され、酸味が飛ぶ。

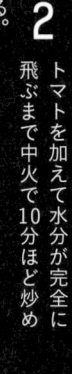

4 パウダースパイスと塩を加えて弱火にし、さっと炒める。

5 このぐらい全体にスパイスがなじむまで炒める。

6 日本酒を加えて強火で煮立て、しっかりとアルコールを飛ばす。

7 分量の水を加えて煮立て、表面に脂が浮いてきたら、出来上がりに近づいている証拠。

8 こんがりと焼いた鶏肉を肉汁と脂ごと一緒に加える。

9 マーマレードを加え、中火で2〜3分ほど煮る。肉にあらかじめ火を入れているため、カレーソースをからめて仕上げる。

Finish

Memo どんなカレーにしたいのか

おいしいカレーを作るために最も大事なのは、「作り始める前に仕上がりのイメージを具体的に持つこと」です。「どんなカレーにしたいのか？」があり、「そのために何をするべきなのか？」が決まります。必然的に鍋の中をよく観察することになります。

4 ラムカレー

ラム特有の強い香りは、クセをやわらげてうま味を引き出すスパイスとの相性が抜群。赤ワインは肉の臭みを消してやわらかくする効果があります。

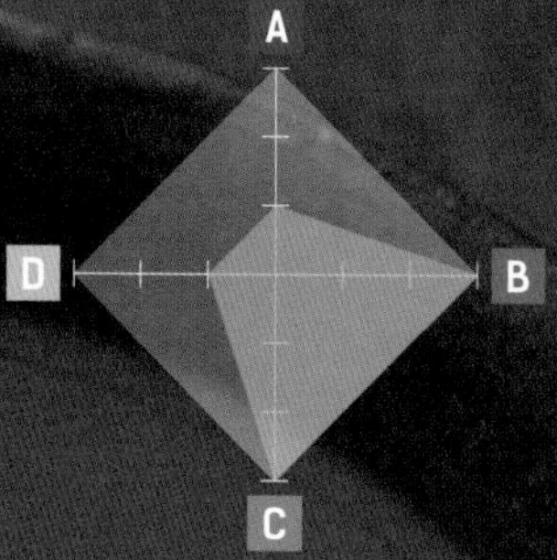

メイラード反応を利用した濃厚なカレー

紹介するラムカレーは、深いボルドー色を目標に設計したものです。濃い色と香ばしい香りをつけるために、パウダースパイスをローストします。玉ねぎは薄切りにしてたぬき〜ひぐま色にすることで、メイラード反応を起こさせ、玉ねぎの濃い甘みと香ばしい香りをつけていきます。ローストスパイスをまぶしたラム肉を炒めた後、赤ワインを注ぎ、隠し味にチョコレートを加えることで、風味と甘みをつけつつ深いボルドー色もつけ、より深く濃厚な味わいに。

出来上がり量 **1000g**

材料（3～4人分）

ラム切り落とし肉	500ｇ
玉ねぎ（薄切り）	1個分（250ｇ）
トマトピューレ	大さじ2
はちみつ	大さじ1
チョコレート（お好みのもの）	20ｇ
赤ワイン	300mℓ
水	150mℓ
✱ホールスパイス	
クローブ	4粒
ニゲラ（カロンジ）	小さじ1/2
パウダースパイス	
クミンパウダー	大さじ1
パプリカパウダー	小さじ2
コリアンダーパウダー	小さじ2
ガラムマサラ	小さじ1
ブラックペッパーパウダー	小さじ1
ハーブ	
ローズマリー	5本
塩	小さじ1と1/2（7ｇ）
植物油	大さじ3

下ごしらえ

パウダースパイスを混ぜ合わせ、弱火で乾煎りする。うっすら煙が上がりはじめて30秒くらいが目安。

ラム肉は大きめの一口大に切る。ボウルに入れ、パウダースパイスと塩を加え、手を使ってよくもみ込んでおく。

作り方

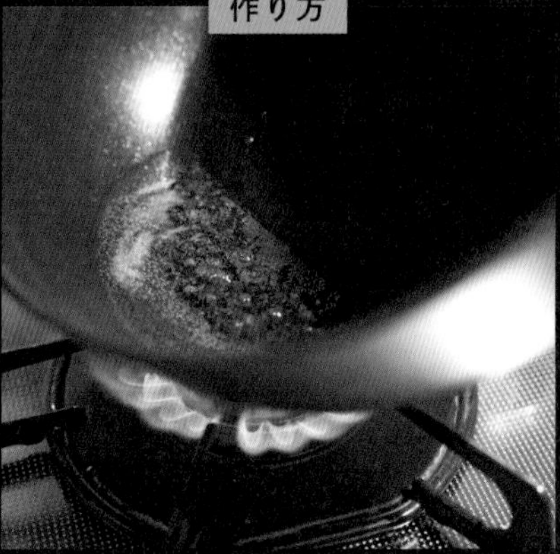

1 鍋に植物油を中火で熱し、ホールスパイスを入れ、鍋を傾けて油に浸すようにし、クローブがふくらむまで炒める。

2 玉ねぎを加え、ほぐしながら油をからめてならし、2～3分放置する。ここから焼きつけていく。

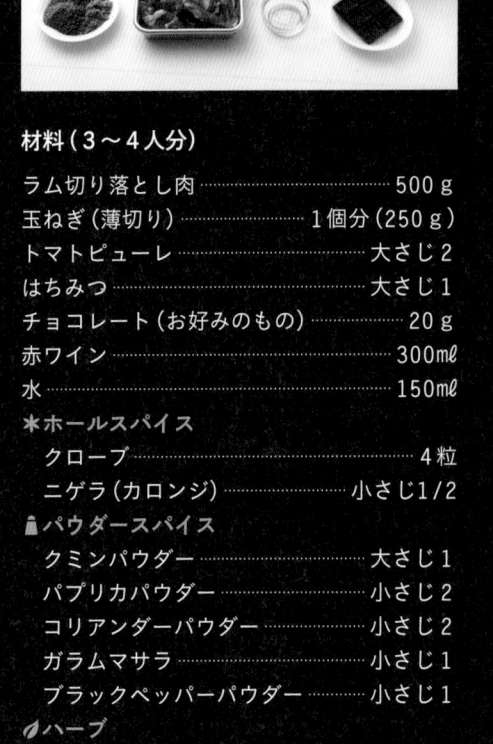

3 強火で12分ほど焼きつけるようにして炒める。あとで水を入れることで均質化するので焦げていても大丈夫。

4 途中、100㎖ほどの水（分量外）を3回に分けて加え、その都度、水分を飛ばしながら炒め、濃いきつね色（たぬき〜ひぐま色）になるまで炒める（→P45）。

5 スパイスをまぶしたラム肉を加えて全体を混ぜ合わせる。

6 粉っぽくなっているところに油をからめるように炒め、しっとりして肉が白っぽくなってきたら、赤ワインを注ぐ。

7 強火でグツグツと煮立て、アルコールを飛ばしたら、トマトピューレとはちみつ、チョコレートを加えて混ぜ合わせる。

8 分量の水を加えて煮立て、蓋をして弱火で20分ほど煮る。

9 火を止め、ローズマリーを加えて混ぜ合わせる。香りが強いので、すぐに取り出してもよい。

5 豆カレー

ホクホクとした大粒の豆と、生クリーム、バターでこってりとした味わいの食べ応え満点カレーです。乳製品によるマイルドな仕上がりは、スパイスの辛味も抑えるので、子どもとも楽しめます。

乳製品の甘みとコクを味わえる濃厚カレー

豆カレーでありながら、ホールトマトの強いうま味と生クリームのコクが味わえるピンク色の濃厚カレーです。玉ねぎは少し大きめに切って炒めることで、玉ねぎの味わいを際立たせ、さっぱりと仕上げます。豆自体は淡白な味わいなので、ソースに深みをつけるために1／3量つぶして使うのがおすすめ。バターも多めに使って乳製品のコクをしっかりとつけ、パウダースパイスのみを使用して香りを入れていきます。最後に生クリームをたっぷりと加えれば完成です。

出来上がり量 1000g

材料（4人分）

レッドキドニー豆（水煮）	400g
玉ねぎ（3cm角切り）	小1/2個分（100g）
トマト缶（ホール）	400g
にんにく（みじん切り）	1かけ分
しょうが（せん切り）	1かけ分
生クリーム	200mℓ
パウダースパイス	
コリアンダーパウダー	大さじ1
クミンパウダー	小さじ2
パプリカパウダー	小さじ2
ガラムマサラ	小さじ1
グリーンカルダモンパウダー	小さじ1
レッドチリパウダー	小さじ1/2
ハーブ	
香菜（みじん切り）	2本分
香菜の根（みじん切り）	2本分
塩	小さじ1
バター	60g

下ごしらえ

ホールトマトは手でつぶしておく。丁寧にやるなら特に軸の部分をつぶす。

レッドキドニー豆は、ソースに深みをつけるため、1／3量を手でつぶしておく。

作り方

1 鍋にバターを中火で熱し、半分くらい溶けたら香菜の根とにんにく、しょうがを入れ、バターが全部溶けるまで炒める。

2 玉ねぎを加えてしんなりするまで炒める。

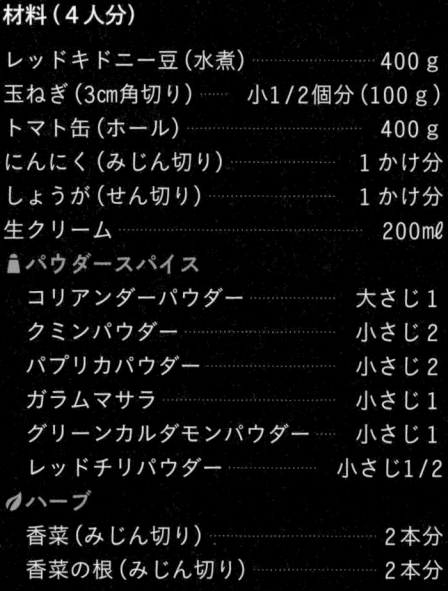

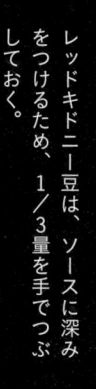

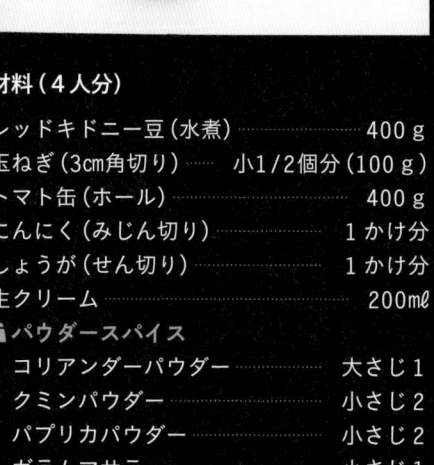

3 トマトを缶汁ごと加えてざっと混ぜ合わせ、蓋をして強火で5分ほど煮る。

4 蓋を開け、中火で水分を飛ばしながら3分ほど炒める。気持ちトマトをつぶすように炒める。

5 パウダースパイスと塩を加えて全体になじむように炒める。これがカレーベースになる。

6 レッドキドニー豆を加えて混ぜ合わせ、蓋をして弱火で5分ほど煮る。

7 生クリームを加えて2～3分さっと煮る。

8 香菜を加えて混ぜ合わせる。香菜がなじんだら火を止める。

Finish

6 ベジタブルカレー

嗜好のちがいを問わず、誰でも食べられるベジタブルカレーは、どこの地域でも作られているカレーのひとつ。家庭によっても味わいが異なる奥が深いカレーです。季節の野菜を使ったアレンジもおすすめです。

野菜だけでも十分に満足感の高いカレーに

オクラ、なす、ミニトマトをメインにしたベジタブルカレーは、多めの油でなすを素揚げし、その油にイエローマスタードシードとクミンシードを入れて香りを立たせつつ、味の強さを出していきます。また、最強の風味アイテム、にんにくを加えることで、食欲をそそりカレーの味わいをグッと深めてくれます。みりんを隠し味に使ってうま味と甘みを加えるほか、仕上げにヨーグルトを加えて酸味とコクを与え、しょうがでキリッとした辛味と香りをプラスします。

出来上がり量 **1000g**

材料（4人分）

なす（乱切り）……3本分（180g）
オクラ（斜め半切り）……15本分（180g）
ミニトマト（半切り）……15個分（180g）
玉ねぎ（2cm角切り）……大1個分（300g）
にんにく（薄切り）……3かけ分
しょうが（せん切り）……1かけ分
プレーンヨーグルト（無糖）……300g

＊ホールスパイス
イエローマスタードシード……小さじ1/2
クミンシード……小さじ1

パウダースパイス
ターメリックパウダー……小さじ1
フェヌグリークパウダー……小さじ1
コリアンダーパウダー……小さじ1

ハーブ
カスリメティ……大さじ2

みりん……大さじ2
塩……小さじ1
植物油……120mℓ

下ごしらえ

オクラは適量の塩（分量外）を加えた湯でさっとゆで、ザルに上げておく。

鍋に植物油を180℃に熱し、なすを入れてさっと揚げ焼きしておく。素揚げすることで色止めの効果もある。

作り方

1 なすを揚げて残った油にホールスパイスを入れ、イエローマスタードシードがはじけてくるまで炒める。

2 にんにくを加え、ほんのり色づくまでさっと炒める。

3 玉ねぎ、100㎖の水（分量外）を加え、蓋をして強火で3分ほど煮る。

4 蓋を開け、水分を飛ばしながら1分ほど炒める。

5 パウダースパイス、カスリメティ、塩を加えて混ぜ合わせる。

6 みりん、オクラ、なすを加えて混ぜ合わせる。

7 トマトを加えて混ぜ合わせて火を弱める。

8 ヨーグルトを加えて混ぜ合わせる。ヨーグルトはよく混ぜ合わせてから加えたほうがなめらかな口当たりに。

9 しょうがを加えて混ぜ合わせ、全体がふつふつとするまで煮る。分離しやすいので、最後までよく混ぜる。

Finish

7 サーモンカレー

じゃがいもとクミンシードの間違いない組み合わせに、鮭のホロホロとした身のうま味をプラスして。トマトピューレと粉チーズ、たっぷりのディルで洋風の味わいに仕上げました。

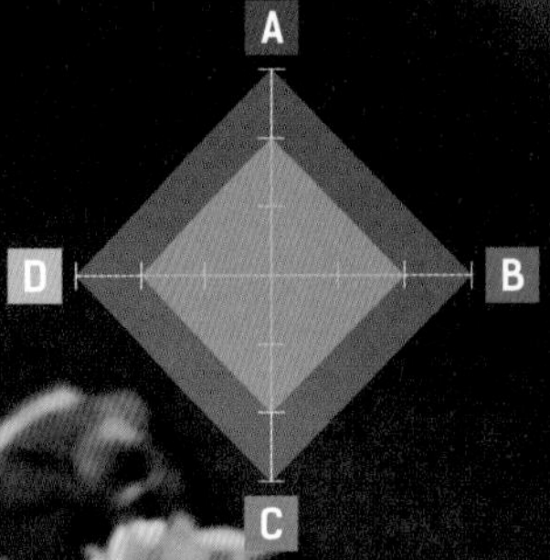

すべてが強すぎず、バランスのとれたカレー

甘塩鮭をメインに、相性のいいじゃがいもを組み合わせたスパイスカレー。焼いた鮭の皮をアクセントに、塩麹を加えて和風のうま味を持たせます。魚に合うアジョワンやディル、柑橘のようなさわやかな香りのグリーンカルダモンを組み合わせて、魚特有の臭みを消しました。ほんのりコクを出す粉チーズ、うま味のトマトピューレや塩麹、風味づけのナッツやにんにくなどを、どれもバランスよく配合して加えていくことで、やさしい味わいに仕上げています。

出来上がり量 **1000g**

材料（4人分）

甘塩鮭……6切れ（600ｇ程度）
じゃがいも……2個（300ｇ）
さやいんげん（1cm幅に切る）
……20本分（100ｇ）
にんにく（みじん切り）……1かけ分
長ねぎ（5mm幅の輪切り）…大1本分（150ｇ）
無塩ミックスナッツ（砕く）……50ｇ
トマトピューレ……大さじ3
粉チーズ……大さじ1
＊ホールスパイス
クミンシード……小さじ1
アジョワンシード……小さじ1/2弱
パウダースパイス
コリアンダーパウダー……大さじ1
グリーンカルダモンパウダー……小さじ2
レッドチリパウダー……小さじ1
パプリカパウダー……小さじ1
ターメリックパウダー……小さじ1
ハーブ
ディル（あれば、ざく切り）……1パック
塩麹……大さじ1
植物油……大さじ2

下ごしらえ

鮭はフライパンで焼き、粗くほぐす。皮の部分は細かく切り、身と混ぜておく。

じゃがいもは皮つきのまま水からゆで、皮をむいて小さめに切っておく。

作り方

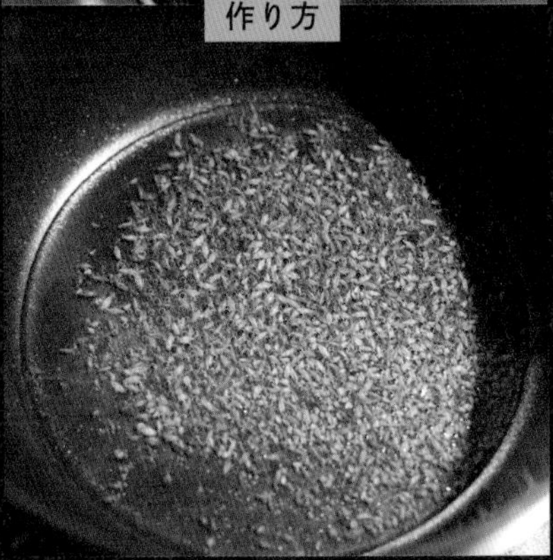

1 鍋に植物油を中火で熱し、ホールスパイスを入れ、クミンが色づくまで炒める。

2 にんにくを加え、強めの中火で少し色づくまで炒めたら、長ねぎを加えて炒める。

3 長ねぎにほんのり色がついたら、中火に戻してトマトピューレとミックスナッツを加えて混ぜ合わせる。

4 弱火にしてパウダースパイスと塩麹を加えてキッチリ香りが立つまで炒める。

5 じゃがいもとさやいんげん、100㎖の水（分量外）を加えて混ぜ合わせる。

6 全体が混ざったら、すぐに100㎖の水（分量外）を加えてさらに混ぜ合わせる。

7 蓋をしてさやいんげんに火が通るまで3分ほど蒸し煮にする。

8 焼いた鮭を加え、混ぜ合わせながら水分を飛ばす。鮭にソースがからめばOK。

9 ディルと粉チーズを加えてざっと混ぜ合わせ、火を止める。

finish

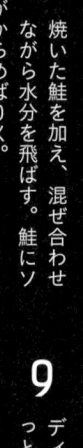

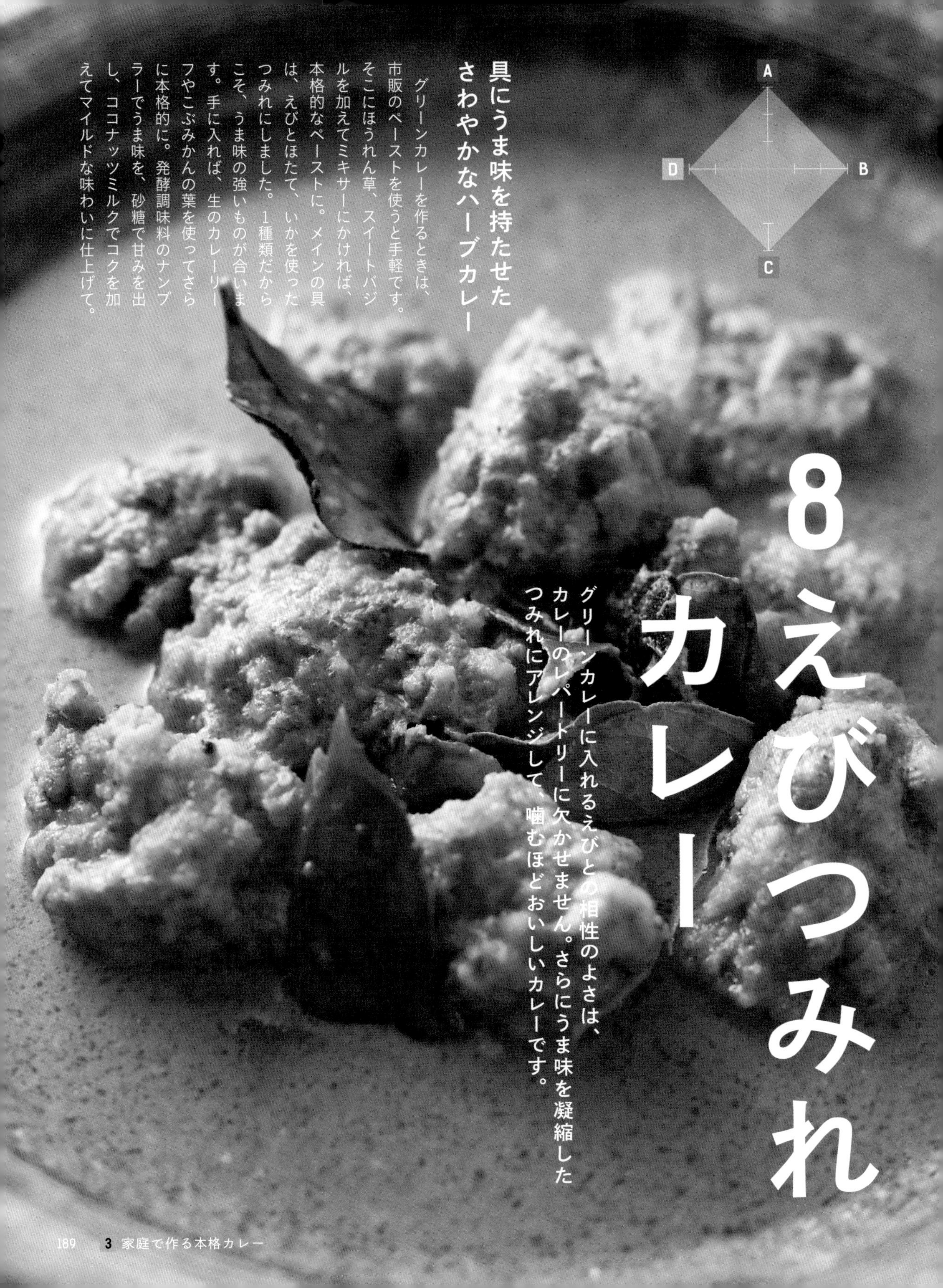

8 えびつみれカレー

グリーンカレーに入れるえびとの相性のよさは、カレーのレパートリーに欠かせません。さらにうま味を凝縮したつみれにアレンジして、噛むほどおいしいカレーです。

具にうま味を持たせたさわやかなハーブカレー

グリーンカレーを作るときは、市販のペーストを使うと手軽です。そこにほうれん草、スイートバジルを加えてミキサーにかければ、本格的なペーストに。メインの具は、えびとほたて、いかを使ったつみれにしました。1種類だからこそ、うま味の強いものが合います。手に入れば、生のカレーリーフやこぶみかんの葉を使ってさらに本格的に。発酵調味料のナンプラーでうま味を、砂糖で甘みを出し、ココナッツミルクでコクを加えてマイルドな味わいに仕上げて。

出来上がり量 1000g

材料（4人分）

えびつみれ用

- **A** むきえび……150g
- ほたて……150g
- いか……100g
- 卵……1個
- 塩……少々
- しょうが（しぼり汁）……小さじ1
- 片栗粉（＊）……小さじ2

ペースト用

- グリーンカレーペースト……4人分（50g）
- ほうれん草……1株

ココナッツミルク……200㎖

水……150㎖

＊ホールスパイス

- グリーンカルダモン……4粒
- シナモンスティック……1本

ハーブ

- スイートバジル……適量（10本程度）
- カレーリーフ……20枚
- こぶみかんの葉（筋を取る）……10枚

ナンプラー……大さじ2

砂糖……小さじ2

植物油……大さじ2

＊片栗粉はつみれがやわらかすぎる場合に入れる。

下ごしらえ

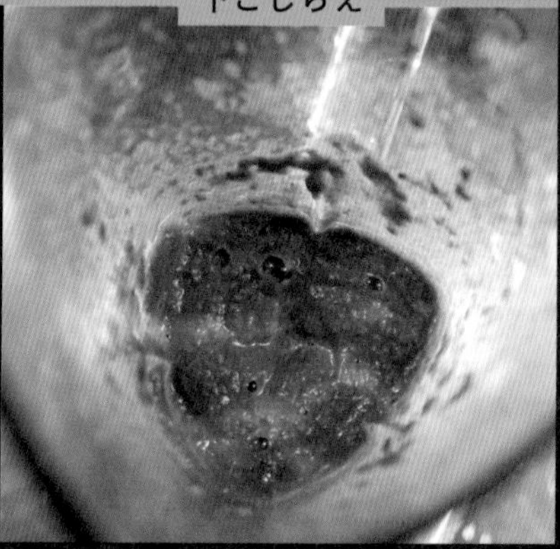

ペーストを作る。ほうれん草をさっと湯がき、洗って水けを適度にきる。スイートバジルとペースト用の材料をミキサーに入れ、ペーストにする。

えびつみれを作る。**A**をフードプロセッサーで撹拌する。スプーンですくって落とし、さっとゆでて菜箸で取り出す。

作り方

1 鍋に植物油を中火で熱し、ホールスパイスを入れ、カルダモンがぷくっとふくらむまで炒める。

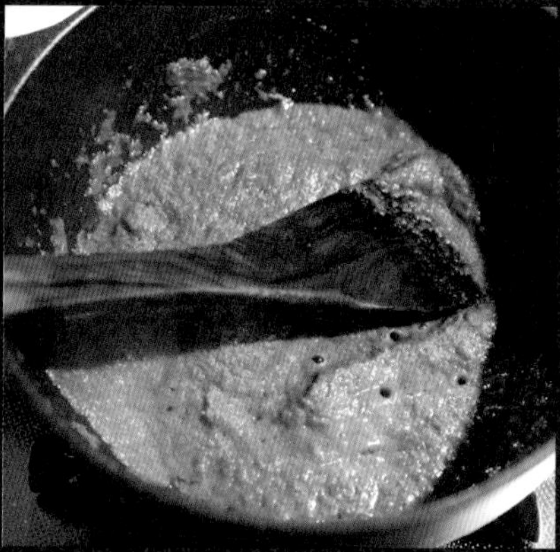

2 ペーストを加えて弱めの中火にし、7～8分ほど炒めて色と香りを油に移す。

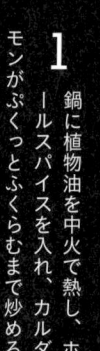

3 ペーストの水分が飛び、油がにじみ出てくるまで炒める。

4 カレーリーフを加えて混ぜ合わせる。

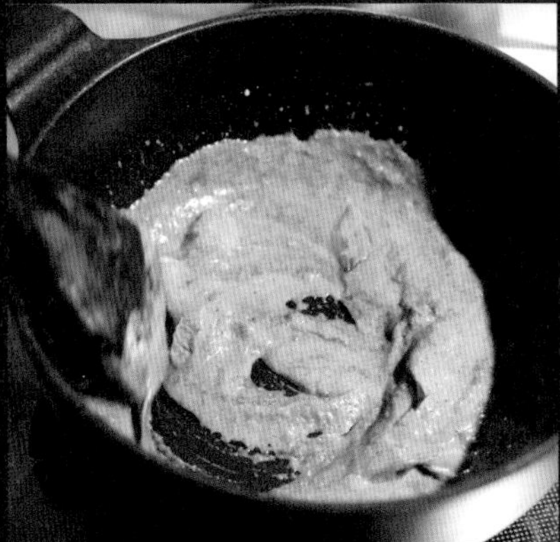

5 1／3量くらいのココナッツミルクを加え、炒め合わせて水分を飛ばし、ペーストに香りを移していく。

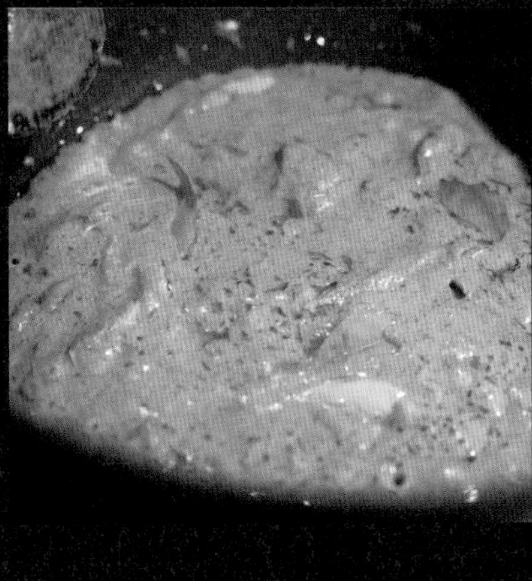

6 油が分離して浮いてくると香りと色が移った目安。

7 残りのココナッツミルクの半量、分量の水を加えて混ぜ合わせる。さっぱりした味わいのほうがよければ、水の量を増やす。

8 砂糖、ナンプラーを加えてさっと煮て、えびつみれとこぶみかんの葉を加え、蓋をして3分ほど煮る。

9 蓋を開けて残りのココナッツミルクを加えて混ぜ合わせ、塩と砂糖適量（各分量外）で味をととのえる。

スパイス&ハーブ事典

4

レシピに出てくる
スパイスやハーブを中心に、
様々なホールスパイス、
パウダースパイス、ハーブを写真つきで
紹介しています。
身近なものからレアなものまでいろいろ。
特徴や使い方、別名などをマスターして、
スパイスとハーブの世界を広げましょう。

ホールスパイス

調理のはじめに使われることが多いホールスパイス。スタータースパイスという呼び方もあります。形をつぶさずそのまま油で炒めて香りを引き出し、煮込みの最後まで香りを出し続けます。

花椒《かしょう》（ホアジャオ）【Chinese pepper】

中国原産のスパイス。日本原産の山椒と同じミカン科サンショウ属の植物。熟した赤い実の果皮のみをスパイスとして使用。しびれるような刺激的な辛さとさわやかで華やかな香りが特徴。主に四川料理で使われる。麻婆豆腐はもちろん、そのほかの炒め物、火鍋などの鍋料理、煮込み料理に。

キャラウェイシード【Caraway seeds】

セリ科の植物の種子。すっきりとした爽快感とやさしい甘い香りをもつ。同じセリ科のクミンシードに形が似ているため、フランスでは「牧場のクミン」と呼ばれている。ドイツ料理の「ザワークラウト」には欠かせないスパイス。ほかにもイタリアのリキュール「カンパリ」が有名。

クミンシード【Cumin seeds】

セリ科の植物の種子。日本では「ウマゼリ」とも呼ばれている。カレーを思わせるようなスパイシーな香りにほんのりとした苦味がある。カレー以外にも肉料理や煮込み料理、野菜料理、豆料理、炒め物、パン、ごはん、チーズなど、幅広い料理に使われる。

アジョワンシード【Ajwan seeds】

セリ科の植物。スパイスとして使われているのは種子。日本ではあまりなじみはないが、インドではメジャーなスパイス。香りはタイムやオレガノに似ていて、ほのかな苦味と刺激がある。魚や豆料理、パン生地やスナック菓子などに使われる。殺菌効果があり、胃腸薬の原料にも。

※スパイスとして種子に分類されているもののなかには、植物学上では果実にあたるものもあります。

シナモン・カシア
【*Cinnamon / Cassia*】

独特の甘い香りをもつシナモンは、クスノキ科の樹皮。多くの種類があるが、シナモンと呼ばれて流通しているものは大きく分けて２種類。ひとつは、スリランカ原産の「セイロンシナモン」。もうひとつは、中国原産の「カシア」。厚みがあり、見た目も香りもワイルド。

グリーンカルダモン
【*Green cardamom*】

ショウガ科の植物の果実。ひとつのさやの中に10粒ほどの種子があり、その種子がカルダモンの強い香りの正体。清涼感のあるさわやかな香りに、ほのかな甘み、しょうがのような辛味と苦味もある。さやに切り込みを入れたり、砕いたりして使うと、種子の香りを引き出せる。

セロリシード
【*Celery seed*】

セリ科の植物の種子。香りはさわやかでほろ苦さも感じる。セロリは品種改良された品種が多いが、スパイスとして使われているのは野生種の「スモーリッジ」という品種。野菜として食べられているセロリとは別種。トマトケチャップやピクルスなどの材料としても使われる。

クローブ
【*Cloves*】

フトモモ科。別名「チョウジ」。開花直前のつぼみをスパイスとして使用。独特の甘い香りに、ピリッと舌がしびれるような辛味と苦味が特徴。消臭殺菌効果が高く、肉の臭み消しによく使われる。フルーツポマンダーも有名。また、甘い香りを活かして飲み物やお菓子の風味づけにも。

ニゲラ
【*Nigella*】

キンポウゲ科の植物で、インドでは「カロンジ」、日本では「クロタネソウ」と呼ばれる。その種子をスパイスとして使用。オレガノのような香りにピリッとした辛味と苦味がある。インドではナンを焼く前にふりかけて使うことが多い。薬効があるともいわれている。日本ではマイナー。

コリアンダーシード
【*Coriander seed*】

セリ科の植物の種子。葉や茎はハーブのパクチー。種子はほんのり甘く、やさしい柑橘系の香りがする。よく流通しているのはモロッコ産のブラウンコリアンダー。インド産のグリーンコリアンダーは甘い香りが強い。煮込み料理、ピクルス、ビール、ハーブティーなど幅広い。

フェンネルシード
【Fennel seeds】

セリ科の植物の種子。葉から茎まではハーブとして使われる。魚料理との相性がよく、「フィッシュハーブ」と呼ばれることも。甘い香りはアネトールという成分でアニスや八角にも含まれている。わずかな苦味もある。消化促進や消臭効果があるとされ、インドでは食後に噛む習慣があるとか。

八角
【Star anise】

マツブサ科のトウシキミという木の果実。星のような形と香りがセリ科のアニスに似ているため、「スターアニス」という別名もある。薬のような個性的な強い香りと甘い香りが漂う。中国料理や台湾料理によく使われ、五香粉にも含まれている。おかずからデザートまで幅広く使われる。

ブラックペッパー
【Black pepper】

コショウ科。「黒こしょう」ともいう。完熟する前の緑色の果実を摘み、皮ごと天日乾燥させたもの。ワイルドでさわやかな香り、ピリッとする辛味が特徴。香り成分の多くは皮に含まれているため、ホワイトペッパー（白こしょう）よりも香りがいい。ピンクペッパー、ロングペッパーは別種。

ビッグカルダモン
【Big cardamom】

ショウガ科の植物の果実。「ブラウンカルダモン」「ブラックカルダモン」「ワイルドカルダモン」など呼び方はいろいろ。グリーンカルダモンとは別品種。大粒で2cm以上あり、種子はひとつのさやの中に40〜50粒程度。香りは野生的で力強く、グリーンカルダモンとは違うタイプの香り。

ホワイトペッパー
【White pepper】

コショウ科。「白こしょう」ともいう。赤色に熟した果実を水に浸してふやかし、皮をむいてから天日乾燥させたもの。皮つきで乾燥させたブラックペッパー（黒こしょう）よりも、香りや辛味はマイルド。ホールはピクルスやマリネ、煮込み料理などに使われることが多い。

フェヌグリーク（シード）
【Fenugreek】

「フェヌグリークシード」「メティシード」とも呼ばれる。マメ科の植物の種子。葉はハーブのカスリメティ。香りはメープルシロップのように甘い。葉と同様に苦味はあるが、乾煎りすることで弱まり、ナッツのような香りに。たんぱく質、ビタミン、ミネラルなどが豊富で栄養価が高い。

マスタード シード
【Mustard seeds】

アブラナ科に属するからし菜の種子。主にイエロー・ブラウン・ブラックの3種類。粒の状態だと辛味はほとんどなく、すりつぶして水を加えることで生じる。辛味が一番強いのはブラック、その次はブラウン、イエローが一番マイルド。熱を加えると辛味がやわらぎ、香ばしい風味に。

メース
【Mace】

ニクズク科。ニクズクという木の種子を包んでいるレース状の赤い仮種皮。種子の仁はナツメグ。ナツメグと同一植物から採れるということもあり、ナツメグに似た甘い香りとほろ苦さがあるが、メースのほうがマイルド。肉や魚料理、煮込み料理以外に、お菓子にもよく使われる。

レッドチリ
【Red chili】

ナス科の植物の果実。「赤唐辛子」「チリ 」「レッドチリホール」「ドライチリ」など呼び名は多数。日本では「鷹の爪」という品種が有名で、刺激的な辛さが特徴。辛味成分であるカプサイシンは、ワタと隔壁に多く含まれている。韓国唐辛子のように辛味が少ないものもある。

Memo スパイスの分類って どこからどこまで？

明確な答えはありません。植物の部位（果実、種子、茎、葉、根など）を採取、または加工したもので、料理に香り、色み、辛味などをつけるものでしょうか。レシピに出てくるにんにく、しょうが、青唐辛子、クラチャイもスパイス。タマリンド、コーカム（ゴラカ）、ココナッツファイン、ジンブはスパイスではないが、スパイス的に使います。

にんにく

しょうが

青唐辛子

クラチャイ

タマリンド

コーカム（ゴラカ）

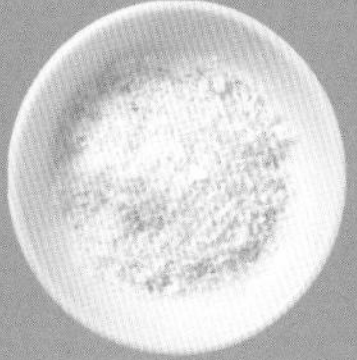

ココナッツファイン

ジンブ

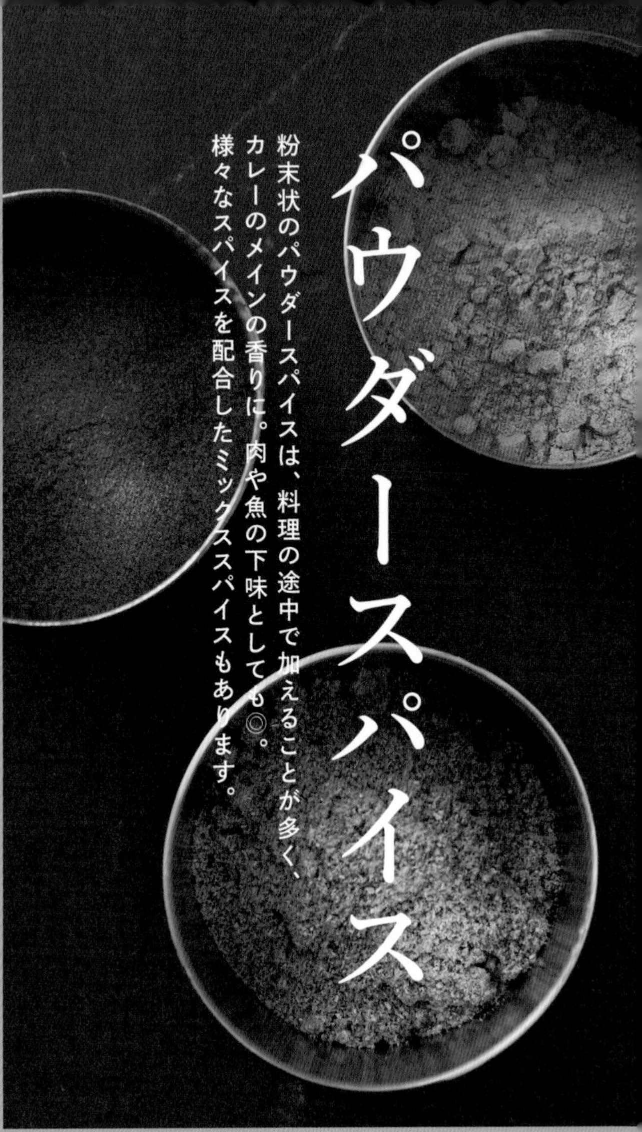

パウダースパイス

粉末状のパウダースパイスは、料理の途中で加えることが多く、カレーのメインの香りに。肉や魚の下味としても◎。様々なスパイスを配合したミックススパイスもあります。

グリーンカルダモン【Green cardamom】

「スパイスの女王」とも呼ばれるグリーンカルダモン。柑橘類のようなさわやかな香りは、コーヒーや紅茶などのドリンク、ヨーグルトやアイスクリームのような冷たいスイーツ、パンや、クッキーなどの焼き菓子に少し加えるだけで上品な仕上がりに。砂糖と混ぜたカルダモンシュガーも◎。

クローブ【Clove】

ガラムマサラや五香粉などのミックススパイスにもよく使われる。パウダーでもスパイシーで刺激的な香りが強いため、使いすぎには注意。少量をひき肉などに練り込むと臭み消しになる。甘い香りは、ジンジャークッキーなどの焼き菓子にもよく使われる。果物との相性もよい。

コリアンダー【Coriander】

「コリアンダーシードパウダー」として市販されているものも。フレッシュな葉や茎よりも香りが弱いので、パクチーが苦手な方でも取り入れやすい。適度な甘みがあり、煮込み料理や炒め物、スープなどの風味づけにはもちろん、ケーキやクッキーなどの焼き菓子にもよく合う。

クミン【Cumin】

カレー粉はもちろん、ガラムマサラやチリパウダーなどのミックススパイスにも欠かせないスパイス。普段のカレーにプラスするだけで本格的な味わいに。カレー以外に野菜料理との相性も◎。粉末状なので、パン生地や肉だねに練り込んだりと、手軽にいろいろな使い方ができる。

ヒング
【*Hing*】

セリ科の植物。別名「アサフェティダ」「ジャイアントフェンネル」。根茎から採れる樹液を固めて粉末状にしたもの。鼻をつく硫黄に似た強烈な香りは「悪魔の糞」と呼ばれるほど。しかし、加熱すると玉ねぎやにんにくのような香ばしい香りに変化する。野菜や豆料理に◎。

シナモン
【*Cinnamon*】

「シナモンパウダー」として市販されているものは「カシア」を使っているものが多い。「セイロンシナモン」を使っているものもあるので表示を確認。エキゾチックで甘い香りは、アップルパイや焼きりんご、クッキーなどのお菓子によく合う。砂糖と混ぜたシナモンシュガーも◎。

フェヌグリーク
【*Fenugreek*】

肉料理や炒め物にも合うが、メープルシロップのような甘い香りは、コーヒーやココア、ホットミルクなどの香りづけにも適している。ただし、苦味が少しあるので入れすぎに注意すること。ハーブとして使われている葉を粉末状にしたカスリメティパウダーもあるので気をつける。

ターメリック
【*Turmeric*】

ショウガ科の植物の根茎。和名は「ウコン」。主要生産国はインド。やや土っぽい香りとほろ苦い風味がする。料理を黄色く色づけるために使われることが多い。その黄色い色素成分はクルクミンといい、肝機能の回復やコレステロール値を下げるなど、様々な健康効果に期待。

フェンネル
【*Fennel*】

ハーブとして使われている葉や茎と同様に魚料理によく合う。魚のスープや煮込み料理、焼き魚などに少しプラスするだけで、いつもとは違った風味に。アニスに似た甘くてさわやかな香りは、パンやお菓子、お酒の香りづけに使われることもある。五香粉の原料に使われることも。

パプリカ
【*Paprika*】

ナス科の唐辛子の仲間で、辛味のない品種。果実を使用していてビタミンCが豊富。赤い色が鮮やかで、かすかな甘みと香ばしい風味が◎。ハンガリー料理やスペイン料理によく使われ、タンドリーチキンのオレンジ色を出すためにも欠かせない。トッピングで彩りを添えても。

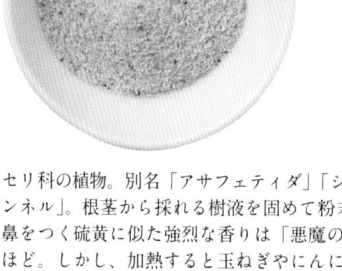

ガラムマサラ
【*Garam masala*】

インドの代表的なミックススパイス。3～10種類のスパイスを用いるものが多いが、家庭ごと、お店ごとによって配合は違う。よく使われるのは、クローブ、シナモン、ナツメグ、カルダモン、クミン。辛いのが苦手な場合は「チリ(唐辛子)」が入っていないものを選ぶとよい。

ブラックペッパー
【*Black pepper*】

ホールを細かく粉砕したもので「細びき」ともいう。香りを楽しみたい場合は、ミルなどで挽いてから使うと◎。さわやかな香りとピリッとする辛味は、ステーキやハンバーグ、野菜炒めなど、幅広い料理に合う。粗びきにすると、粒を噛んだときの食感と口の中に広がる香りを楽しめる。

カレーパウダー
【*Curry powder*】

料理にカレーの香り、色み、辛味をつけるミックススパイス。市販のものは20～30種類のスパイスが使われているものが多く、種類や配合はそれぞれ異なる。カレールウやカレーフレークとの大きな違いは、小麦粉、塩や油脂などの調味料が含まれていないこと。とろみはつかないので注意。

ホワイトペッパー
【*White pepper*】

果皮がない分、ブラックペッパーよりも香りや辛味がやさしく、色も淡いクリーム色。料理の風味や色を損なわないので、いろいろな料理に使える万能スパイス。なかでも、白身魚や鶏肉、卵などを使った淡白な料理、ホワイトソースなどの白く仕上げたい料理に使うと◎。

五香粉《ごこうふん》(ウーシャンフェン)
【*Five spice powder*】

主に中国料理で使われているミックススパイス。使うスパイスは5種類と決まっているわけではない。配合は様々だが、八角、花椒、クローブ、陳皮、シナモン、フェンネルなどの中から5種類くらいを使うのが一般的。八角やシナモンなどのエキゾチックな香りが特徴的。

レッドチリ
【*Red chili*】

多くの種類が市販されていて「カイエンペッパー」「チリペッパー」「レッドペッパー」など複数の呼称がある。メーカーによって辛味や粒子の粗さもそれぞれ違う。なかには、焙煎した赤唐辛子をブレンドしているものもある。レッドチリパウダーがなければ一味唐辛子で代用しても。

サンバルパウダー
【Sambar powder】

スパイスと豆の粉を混ぜたもの。カレー粉に近く、米粉が入っている場合もある。南インド料理の「サンバル」を作るときに使うが、それ以外の料理にも。スパイスの種類はレッドチリ、コリアンダー、クミン、フェヌグリークなど多数あり、配合も様々。ベジタリアン料理にも◎。

チャットマサラ
【Chat masala】

ガラムマサラと同様に主にインド料理で使われるミックススパイス。ガラムマサラとの違いは、マンゴーやザクロの酸味がきいているところと塩が含まれていること。そのままサラダにかけて食べるのが一般的。果物やゆで卵にかけて食べたり、炒め物などの味つけとして使っても。

チリパウダー
【Chili powder】

赤唐辛子をベースにパプリカやクミン、オレガノ、にんにくなどが加えられたミックススパイス。スパイスの組み合わせや割合に特に決まりはない。チリコンカンやタコスなどに使われることが有名。よく似た名前の「チリペッパー」は唐辛子100%なので、辛いのが苦手な方は注意。

Memo 水野仁輔のおすすめミックススパイス

たくさんある中で紹介するなら、コリアンダーパウダー小さじ2、クミンパウダー・ターメリックパウダー・パプリカパウダー各小さじ1、レッドチリパウダー・フェヌグリークパウダー・グリーンカルダモンパウダー・ガラムマサラ各小さじ1/2をブレンドしたミックススパイスを。オーソドックスなカレーを作るときにおすすめです。

いろいろ使えるガーリックパウダー

生のにんにくと違い、すりおろしたり、刻んだりしなくてよいので、においが手に移らないのが◎。食材の下味や料理の味つけまで幅広く使えて便利です。

ハーブ

仕上げに加えてざっと混ぜ合わせると、カレー全体の風味を引き立ててくれます。料理の途中で加えて煮込んだり、料理のアクセントとしてトッピングに使っても。

カスリメティ

【Kasoori methi】

フェヌグリークというマメ科の植物の葉。「メティ」「メティリーフ」「フェヌグリークリーフ」と呼ばれることも。特有の甘い香り、ほんのりとした苦味があるのが特徴。ビタミンやミネラルが豊富。料理の仕上げに、煎ってよくもんでから加えると風味がアップ。トッピングにも◎。

カスリメティ（パウダー）

【Kasoori methi】

「メティパウダー」「フェヌグリークリーフパウダー」と呼ばれることも。料理の仕上げやその直前にひとふり加えるだけで風味がよくなる。ふんわりとした甘い香りだが、苦味も少しあるので入れすぎに注意。種子部分のフェヌグリークを粉末にしたフェヌグリークパウダーもある。

カレーリーフ

【Curry leaf】

ミカン科。カレーのようなスパイシーさと柑橘系のさわやかな香り。南インド料理やスリランカ料理でよく使われる。日本では冬を越すのが難しく、フレッシュなものは手に入りにくかったが、近年、温室栽培などで見かけるように。調理時間が長いと香りが弱くなる。

こぶみかんの葉

【Kaffir lime leaf】

別名「バイマックルー」「カフィアライムリーフ」「カフェライムリーフ」。ミカン科の植物で、果実や葉の形は柚子に似ている。レモンやライムを思わせるようなすがすがしい香りは、スープやサラダの風味づけに。特にタイ料理のグリーンカレーやトムヤムクンには欠かせない。

シナモンリーフ

【*Cinnamon leaf*】

クスノキ科。インド料理における「ベイリーフ」はシナモンの葉を指すため、「シナモンリーフ」または「インディアンベイリーフ」と呼ばれる。葉脈が縦に3本入っているのが特徴で、葉からもシナモンの香りが少しする。西洋料理によく使われるローリエは別物。

ディル

【*Dill*】

セリ科。葉と茎は「ディルウィード」と呼ばれることも。さわやかな香りとほろ苦さが魚介によく合う。また、ヨーグルトやチーズなどの乳製品とも相性がよい。ディルがない場合は、同じセリ科のフェンネルで代用しても。種子を乾燥させた「ディルシード」もある。

スペアミント

【*Spearmint*】

シソ科。数多くの種類が存在するミントのなかでも代表的な品種。すっきりした清涼感の中に甘い香りが◎。もうひとつ有名なペパーミントに比べると、葉が大きく丸みがあり、香りはやさしい。サラダやお菓子、ハーブティー、カクテルなどにも使われる。トッピングとしても大活躍。

パクチー

【*Coriander*】

セリ科の植物の葉、茎。別名「コリアンダー」「コリアンダーリーフ」「香菜（シャンツァイ）」など。香りはクセが強い。種子はスパイスのコリアンダーシード。根も煮込み料理やスープの香りづけに使われることがある。香りが苦手な方は、長めに煮込むとやわらぐ。

タラゴン

【*Tarragon*】

キク科の植物。乾燥させて砕いたものを「タラゴンチップ」と呼ぶことも。アニスに似た甘くてさわやかな香りとほろ苦さがある。フランス料理によく使われるハーブでエスカルゴ料理やタラゴンビネガーが有名。フランスでは「フレンチタラゴン」「エストラゴン」と呼ばれている。

バジル

【*Basil*】

独特のさわやかな香りがするシソ科の植物。多くの品種があり、なかでもよく料理に使われているのがスイートバジル。「バイホラパー」はタイのスイートバジルという意味だが、イタリア料理などで使うバジルとは風味が違い、カレーの香りづけや魚介料理によく使われる。

パンダンリーフ
【*Pandan leaf*】

タコノキ科。別名「ランペ」「ニオイタコノキ」。「東洋のバニラ」といわれることからも甘い香りが特徴。南インド、スリランカ、東南アジアで使われることが多い。葉が長いので、食材を包むことができる。煮込み料理のときは、折りたたんで結ぶと◎。デザートの香りづけにも。

ローリエ
【*Laurier*】

クスノキ科。別名「月桂樹」。ローリエ（laurier）はフランス語で、ベイリーフ（bay leaf・英）、ローレル（laurel・スペイン、英）。すがすがしい香りの葉は、乾燥させることで香りが強くなる。肉の臭み消しや煮込み料理などの風味づけに使われる。

レモングラス
【*Lemongrass*】

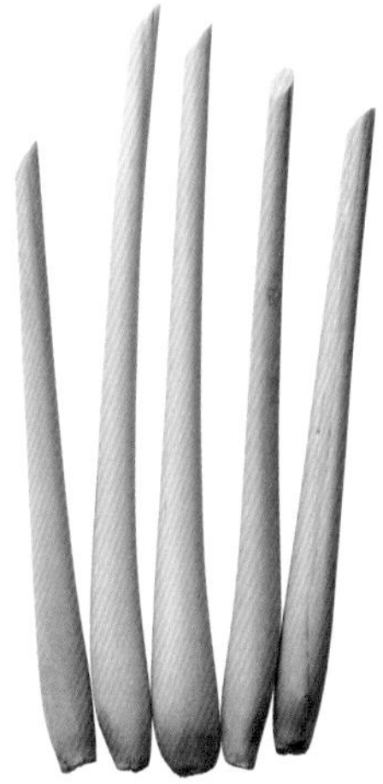

イネ科。葉や茎をハーブとして使用。レモンにも含まれるシトラールという成分があり、レモンに似た爽快な香りがする。タイやベトナムなど東南アジアの料理で風味づけとしてよく使われる。ハーブティーにしても◎。ドライハーブもあるが、香りはあまり強くない。

ローズマリー
【*Rosemary*】

シソ科。力強い香りが印象的。消臭抗菌効果が高く、料理の風味づけ以外に、肉や魚の臭み消しにも役立つ。西洋料理に使われることが多く、カレーにはあまりなじみがないが、ラム肉やトマトベースのカレーに好相性。煮込みの仕上げに入れると◎。

Memo ハーブはスパイスの一部です

ハーブとスパイス、何が違うと思いますか？スパイスの分類に明確な答えがないのと同じで、線引きするのはとても難しく、定義は曖昧なのです。ただいえるのは、「ハーブはスパイスの一部」ということ。特に葉の部分のみを使うものを「ハーブ」と呼ぶことが多いです。フレッシュなもの、ドライなものがあります。日本にも「和ハーブ」と呼ばれる植物があります。よもぎ、三つ葉、山椒、しそが有名。「日本原産で江戸時代以前から自生していた植物」を和ハーブと定義しているそうです。なかでも、ドクダミ、ゲンノショウコ、センブリは、日本三大薬草といわれています。いずれにせよ、スパイスの範囲はとても広いのです。

鮮やかな色を楽しむバタフライピー

東南アジアを原産とするマメ科の植物。和名は「蝶豆（チョウマメ）」。鮮やかな青い花を使ったハーブティーが有名。カクテルやスイーツ、コスメなどにも活用されている。レモン果汁などの酸に反応し、色の変化も楽しめる。本書では、P113のカオヤムで使用。

INDEX

ミックススパイス

ハーブ

監修 水野仁輔

1974年静岡県浜松市生まれ。1999年以降、カレー専門の出張料理人として全国各地で活動。現在は株式会社 AIR SPICE代表取締役で、本格カレーのレシピつきスパイスセットを届けるサービスを運営中。コンセプト、商品、レシピ開発のすべてを手がける。また、ジンケ・ブレッソン名義で記録写真家としての活動も行っている。『3スパイス&3ステップで作る　はじめてのスパイスおかずとカレー』（パイインターナショナル）『カレーのレシピ大図鑑370』（マイナビ出版）など、カレーやスパイスに関する著書は多数。

STAFF

料理(P168―191)　水野仁輔
撮影　齋藤圭吾
デザイン　吉村 亮　大橋千恵(Yoshi-des.)
編集・構成　丸山みき(SORA企画)
編集アシスタント　樫村悠香　大森奈津
大西綾子　永野廣美(SORA企画)
Special thanks　ダンノマリコ
企画・編集　森香織(朝日新聞出版　生活・文化編集部)

取材協力(登場順)

■インド宮廷料理 Mashal
東京都大田区大森北1-10-14　LUZ大森3F
■Spice Box
東京都千代田区内神田1-15-12　第二斉木ビル1F
■Soaltee Mode
東京都渋谷区恵比寿西2-8-9　代官山宝ビルⅢ5F
■HOPPERS
東京都中央区日本橋兜町7-1　KABUTO ONE1F
■CHOMPOO
東京都渋谷区宇田川町15-1　渋谷PARCO4F
■curry shop fennel
東京都杉並区松庵3-37-22　2F
■spicy curry魯珈
東京都新宿区百人町1-24-8　新宿タウンプラザビルBF-J
■CURRY BAR HENDRIX
東京都渋谷区神宮前2-13-2　ユハラアネックスビル1F
■TOKYO MIX CURRY大手町店
東京都千代田区大手町1-1-1　大手町パークビルディング2F

食《しょく》の事典《じてん》シリーズ

調理科学《ちょうりかがく》×
カレーの事典《じてん》

監　修　水野仁輔
発行者　片桐圭子
発行所　朝日新聞出版
〒104-8011　東京都中央区築地5-3-2
(お問い合わせ)infojitsuyo@asahi.com
印刷所　図書印刷株式会社

ISBN 978-4-02-333400-7

定価はカバーに表示してあります。落丁・乱丁の場合は弊社業務部（電話03-5540-7800）へご連絡ください。送料弊社負担にてお取り替えいたします。